60歳からのフルマラソン

堀口茂

朝日新聞出版

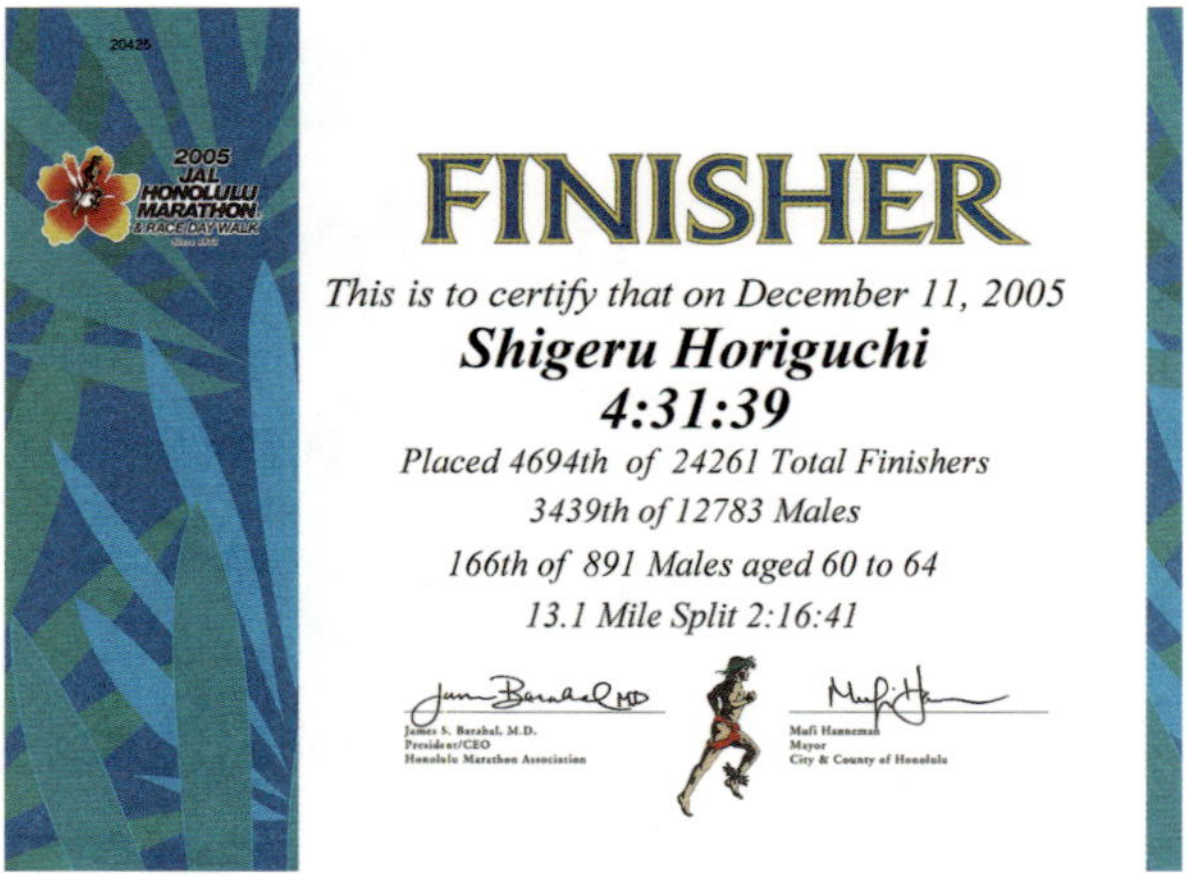
20425

2005 JAL HONOLULU MARATHON & RACE DAY WALK

FINISHER

This is to certify that on December 11, 2005

Shigeru Horiguchi

4:31:39

Placed 4694th of 24261 Total Finishers

3439th of 12783 Males

166th of 891 Males aged 60 to 64

13.1 Mile Split 2:16:41

James S. Barabal, M.D.
President/CEO
Honolulu Marathon Association

Mufi Hanneman
Mayor
City & County of Honolulu

ホノルルマラソン　完走証

2005年、63歳で初めてのフルマラソンに挑戦、
4時間31分39秒で完走した

60歳からのフルマラソン

堀口茂

朝日新聞出版

はじめに

２００２（平成14）年8月26日、定年退職となった。朝起きて会社に行くこともなく、ずっと寝ていてもよくなった。ほっとしたような、寂しいような、何か落ち着かない感じである。

思い出すと私の勤務時代は極めてラッキーと言える。１９６４（昭和39）年の東京オリンピックに向け、首都高速道路、新幹線が開通した。私が一番驚いたのは、東京を流れているえらいどぶ臭かった川が、ぴたりと臭いがしなくなったことである。下水道が整備されたとのこと。これ等のこともあり日本で初めてのオリンピックは大成功、日本は大バブル時代に突入した。この期間は長く、景気に陰りが見られるようになったのは、２０００年前後である。今となって思うと私の在職時代はほぼ好景気に包まれていたと言える。これからは年金と多少の蓄えで息長く、これからやりたいことを実行していきたい。

それにはまず健康である。運動をして体力をつけることを心がける必要がある。現役時代はゴルフ、硬式テニスなどをやっていたので、これからも継続しようと考えていたが、仲間を集めるのが大変で回数も少ない。費用もかかり面倒である。しかし何もしないでソファーに座っているだけでは体によくない。そこでひとりでもできるウォーキングを始めた。街中を歩いてみたが、ヒマな人という目付きで見られているようで面白くない。佐賀城跡の周りの散策道路であれば、周りの小学校の児童が集団で走っていたり、私のような年寄りが走っていたりする。定年後にやりたいことのひとつにウォーキングとジョギングをリストアップしてあるので頑張ってみようと思う。

最後に走ったのは何十年前か思い出せない。ヘビードリンカーでヘビースモーカーになり果てた私に走ることができるのか不安がある。まずは10歩走って心臓の状態を見た。問題ない、次に20歩さらにと歩数を増やしてみたが１００歩走っても心臓は動いている。３日後には１キロを走った。息はだいぶ荒いが心臓はしっかり動いている。

さらに翌日はゆっくりとではあるが2周目にも挑戦、1・5キロである。大丈夫である。ある日老人たちのグループがゆっくり走っているのに出会った。ひそかに後を走った。10周でも問題ない。何回か走って自信をつけた。その後、その他のコースも見つけた。河川沿いの遊歩道、鉄道跡地、空港道路沿いの歩道、農道などである。ポイントは車と交錯しないということである。千葉県柏に住んでいた友人が白線1本で車道と仕切られた歩道で小型トラックのサイドミラーに頭をぶつけられ隣りの畑にすっ飛んだ。後ろの車が医者だったため、応急処置、救急車の手配等速やかだったがその後は入退院を繰り返し、約2年後に亡くなってしまった。車を運転する方も横を走るランナーは気になり運転しづらいが、ランナーもよほど気をつけなければならない。できるだけ外したい道である。

またもうひとつの注意事項は、救急の事である。走っていて体調を悪くした時、誰かに助けてもらったとしても、名前、連絡先、血液型などのメモをポケットに忍ばせておけば安心である。私が走ることに対する障害は今のところなさそうだ。

さらにトレーニングを進めてみたい。

そして好都合なことは、このタイミングでランニングクラブに入会できたことである。それもメインコーチは大学のスポーツ科学の先生である。さらにサポートしてくれるコーチもすべて教授の皆さんという豪華版である。走り方、準備体操、怪我をしにくい走り方、怪我の治し方など、走り方全般に渡って指導してくれる。疑問をぶつけても親切に教えてくれ安心して走ることができる。私のような年寄りが走るということにも興味がありそうだ。このクラブのおかげで長くランニングを継続できた。このランニングクラブの目的は〈ホノルルマラソン〉を完走しようということだ。〈ホノルルマラソン〉はスタートした人はゴールするまで何時間でも待っていてくれるということだが、練習したからには、なるべく早くゴールしたいと思うはずである。練習期間は7月14日から12月11日までの151日である。この間ランニングクラブはどのような練習スケジュールを立てたのだろうか？　私の練習スケジュールの詳細を本書に載せている。そして私の初マラソンのタイムは4時間31分39秒であった。定年後から走り始めて、この記録はすごいと評価された。私のマラソン熱はさらにヒートアップした。なんと私の第2の人生は思いもよらなかったマラソンからスタートした。

60歳からのフルマラソン

プロローグ

■73歳、青島太平洋マラソン2015を走る

2015（平成27）年12月13日、私は73歳。この日〈アオタイ〉（宮崎県 青島太平洋マラソン）のフルマラソンを走り、完走した。年齢的なこと、また3年ぶりのフルマラソンであったこともあり、前日までは不安であった。その不安は、スタートラインに着くといつの間にか消えていた。あとはもう思ったとおりに走るだけである。久しぶりの〈アオタイ〉だったが、特に体の故障もなく無事ゴールできた。途中苦しい場面もあったがこれはいつのレースでも同じであり、今回のように不安のあった中でのゴールは今までに増して満足できるものであった。そして次の日、その次の日も体に特に痛みもなく心身ともに快調であった。

若い頃にスポーツで鍛えるようなこともなく、60歳の定年を過ぎてから走り出し、73歳になってからも元気でいられることは素晴らしいことである。これからマラソンを走ってみようと考えている皆さんには、是非、私の体験を参考にしていただけたら幸いである。

まずは、今回の〈アオタイ〉の私の走りを振り返ってみたい。

私は一人でエントリーした。チームのメンバーは、一人もエントリーしていない。佐賀から宮崎までは交通手段が面倒だなと思っていると、別のチームの貸し切りバスに空きがあることがわかり、うまくもぐり込むことができ、ほっとしていた。その安堵感もつかのま、バスに乗り込むや否や、このチームがすさまじいチームであることがわかった。後部座席がサロン風に向かい合った作りにセットされていて、数名の男性が座り込んだ。その他の者は前方の前向き座席に座った。出発して高速道路に入ると、薄々感じていたことが的中した。サロン席から缶ビールを開ける音が聞こえる。我々の席にも配ってくれた。私は1本だけご相伴にあずかったが、サロン席はそれから宮崎までの4、5時間、宴会である。明日の走りを個々にしゃべっているうちはいいが、そのうち聞きたくもない歌が始まった。聞こえてくる歌からすると、私に近い年代から20、30代までいることがわかる。私は関係ないが、こんなに飲んで明日は走れるのかなと他人ごとだが心配になる。

宮崎に入ると会場の受付でナンバーカード、参加賞などを受け取り、夕方ホテル到着。三々五々食事に出る。私は一人で街をぶらつき食事した。

翌日は6時起床、食事後出発。会場は駐車場が狭いため、宮崎大学の駐車場にバスを停め、シャトルバスで会場に向かう。会場はひなたサンマリンスタジアム宮崎で読売巨人軍が春季キャンプを張る所である。マラソンは球場の周辺を会場としている。

朝9時ちょうどスタート、宮崎県総合運動公園の中のサンマリンスタジアム外周を約半周し、公園を出て一般道に入るとすぐにこの道と交差するように一本の広い道がある。この道が今日のマラソンのメインコースとなる。4～5メートル高い位置を通っているため、下をくぐりすぐ右の上り坂を登る。スタートしてまだ間もないが息は切れる。しかしここは難なくクリアーする。

これから宮崎中心街に向かい、宮崎神宮をUターンし戻ってくる30キロ強の長丁場である。まずごった返すランナーの中で自分のペースを作る。１キロあたり7分±5秒くらいとしたい。コースには1キロごとに表示があるためこれを目安にする。中央分離帯には１００メートル置きに標識があるため、これを参考にしてもよい。私はコースの右側を走る癖があるためこちらの方が好都合である。１キロ表示は道路の左側にあるため、ごった返すランナーの陰で見落とすことがあるから要注意だ。

5キロも走るとペースもつかめ、足腰の痛みもなく、呼吸も追従している。この調子で最後まで突っ走りたい。

7〜8キロ行くと左側にループ状に登っていく道路が見える。その先は自動車専用の有料道路に入り、海岸線をまっすぐ北に向かっている。この道は以前、東国原英夫《ひがしこくばるひでお》氏が県知事になりコースを変更するまでレースで使われていた。

私はこの旧コースが気に入っていた。

宮崎シーガイアを過ぎフェニックスカントリークラブまで行って折り返す約7キロの海辺の直線道路で折り返してくる人と顔を合わせることができる。私は中央分離帯

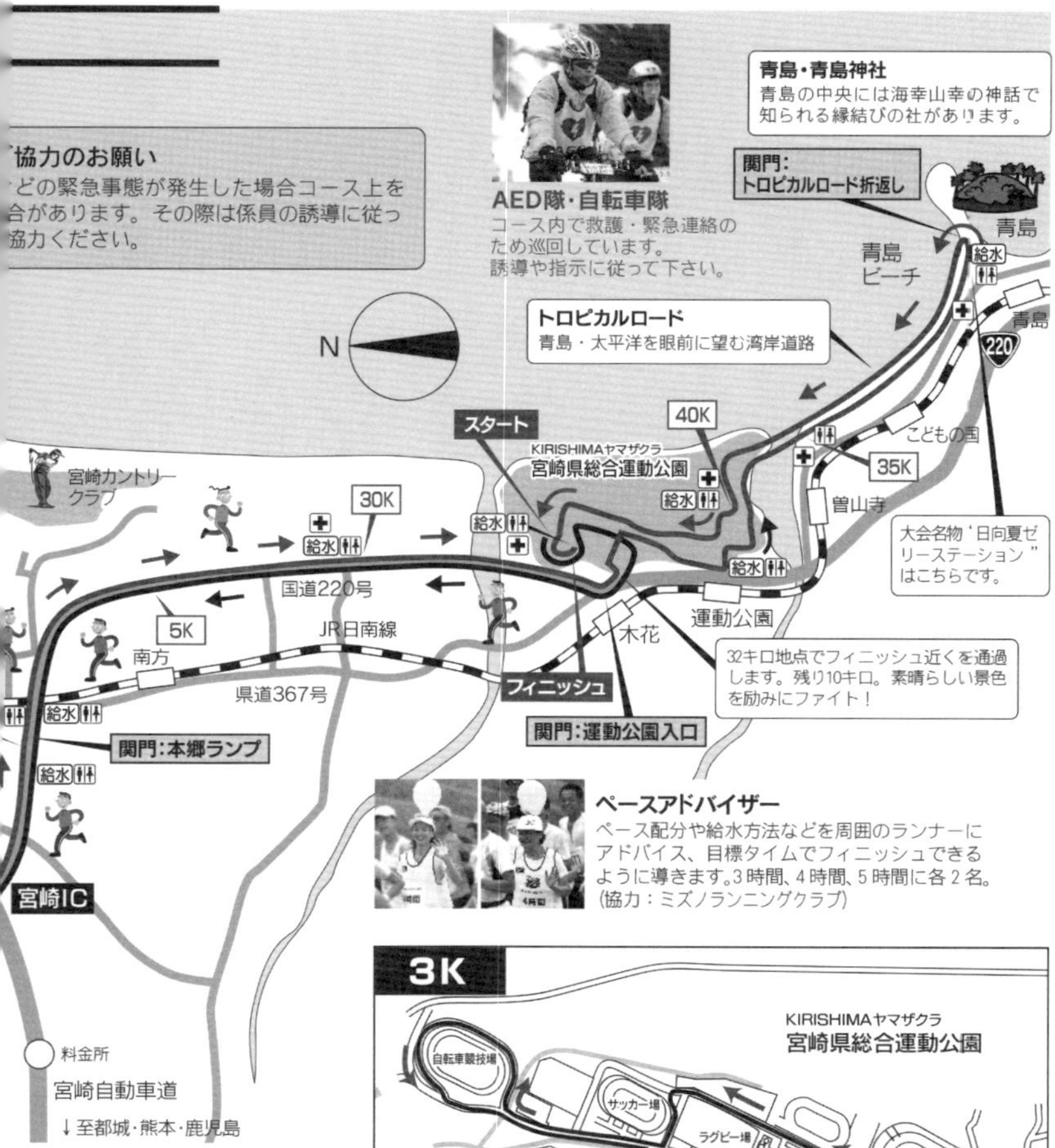

協力のお願い
どの緊急事態が発生した場合コース上を
合があります。その際は係員の誘導に従っ
協力ください。
AED隊・自転車隊
コース内で救護・緊急連絡の
ため巡回しています。
誘導や指示に従って下さい。
青島・青島神社
青島の中央には海幸山幸の神話で
知られる縁結びの社があります。
関門：
トロピカルロード折返し
青島
青島
ビーチ
給水
青島
220
トロピカルロード
青島・太平洋を眼前に望む湾岸道路
N
スタート
40K
KIRISHIMAヤマザクラ
宮崎県総合運動公園
給水
35K
こどもの国
曽山寺
大会名物‘日向夏ゼリーステーション”はこちらです。
宮崎カントリークラブ
30K
給水
国道220号
5K
JR日南線
南方
木花
運動公園
32キロ地点でフィニッシュ近くを通過します。残り10キロ。素晴らしい景色を励みにファイト！
県道367号
フィニッシュ
関門：運動公園入口
関門：本郷ランプ
宮崎IC
ペースアドバイザー
ペース配分や給水方法などを周囲のランナーにアドバイス、目標タイムでフィニッシュできるように導きます。3時間、4時間、5時間に各2名。
(協力：ミズノランニングクラブ)
料金所
宮崎自動車道
↓至都城・熊本・鹿児島

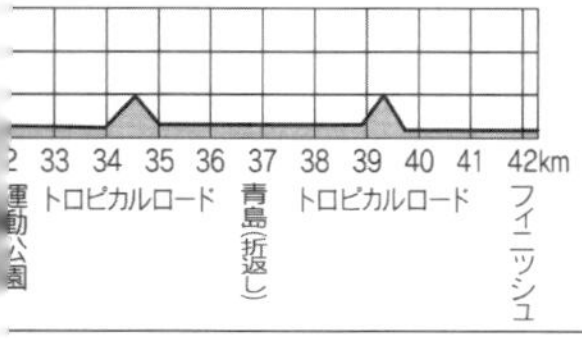

33 34 35 36 37 38 39 40 41 42km
運動公園
トロピカルロード
青島(折返し)
トロピカルロード
フィニッシュ

3K
KIRISHIMAヤマザクラ
宮崎県総合運動公園
自転車競技場
サッカー場
ラグビー場
陸上競技場
サンマリン
武道館
ひむかスタジアム
220
スタート
フィニッシュ

フルマラソンコース案内図

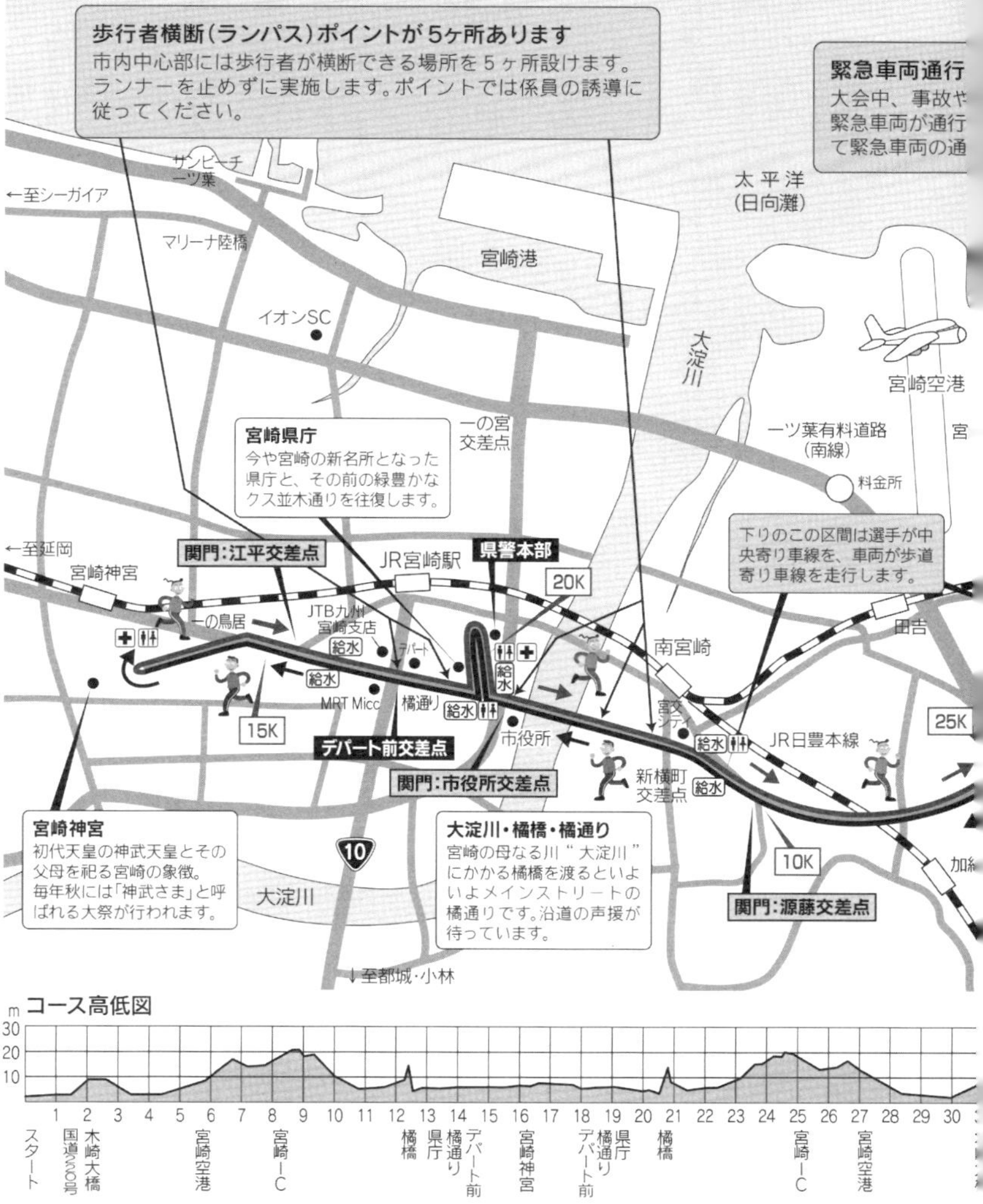

側を走るので、折り返してくるトップ集団と出会う。トップ集団は大きな集団ではなく、一人、二人、三、四人とちらほらとくる。だからテレスコープで見るように姿かたちがはっきり見える。知り合いでなければ、速いな、くらいしか思わないが、私のランニングクラブの仲間だとまったく違う。遠くからでも顔とフォームで誰だかわかり、近づくとアイコンタクトをし、にっこり笑って、手を軽く上げてすれ違う。時には頑張ろうと声をかける。日頃練習している時とは違う引き締まった顔に出合うと「ヨシッ！　俺も頑張ろう」という気持ちが一段と湧いてくる。

これがいいのだ。

しかし、残念ながらその後コースが変更になり、このレース中の仲間たちとのコンタクトはできなくなってしまった。

■共に走ったランニングクラブの仲間たち

ここで、過去のレースで旧コースを走り元気をもらった我々のランニングクラブのかっとびメンバーを一部紹介しよう。

まず、最初に出会ったのは、ランニングをしたいがために50歳を目前にして会社を退職した唐津男である。「そこまでして」と思うが、よっぽどの覚悟である。月600〜700キロ走るというからすごい。この時のタイムは忘れたが、サブスリーを狙っているのは間違いない。

次に来たのは意外であったが、大学生である。県内1周駅伝で郡部代表の一人に選ばれたことが自慢の男である。フルマラソンは初めてとのことである。肩を揺らせ、足音高く元気そうに走ってくる。しかし我々が予想したよりかなり速いペースのように思える。後で聞くと30キロ手前で足の豆が破れ、痛みのためにリタイヤしたとのこと。残念でありもったいないと思ったが、彼が所属する大学の事務職員で陸上部のコーチをしている方からは「根性なし」と言われたとしょげていた。厳しいコーチだなと私も思ったが、これからのことを思った叱咤激励の言葉とも思える。

3番目に出会ったのは女性である。この女性も50歳近いはずであるが筋肉質の引き締まった体をしている。「加圧トレーニング」をしているとのことで、リバウンドが怖いのでなかなか休めないと嘆いていた。この女性からは、すれ違いさま速すぎるとアドバイスされた。しかしそうは言われても、今苦しくはないし、スピードを落とすのはもったいないと思い、そのまま走ることにした。ゴール手前での失速の原因とも知らずに。

4番目も女性である。30歳前の背の高いスレンダーな体つきである。バスケットをやっているとのことで、さもありなんと思える。私が思うのは、なぜ前を走っている女性を抜けないかということである。年齢的にも、体格的にも、運動能力的にも優位と思うがいつのレースでも勝てないという。まさか同じ会社の上司と部下という関係に気を使っているとも思わないが、不思議である。練習もレース参加もほとんど一緒で仲は良い。

■レースの顚末

さて紹介と思い出はこれくらいにしてレースに戻ろう。

今10キロを通過したところでスプリットタイムをみると1時間10分44秒でほぼ予定通りである。体調も問題ない。しばらく行くと大淀川を渡り、坂を下ると右に曲がり県庁通りに入る。県警本部まで行って折り返す、東国原元知事の肝入りのコースである。でも、正直言ってあまり良いコースとは思えない。まず宮崎神宮を折り返してからもこのコースを走る。すなわち2回走ることになる。そのため道路は4区分され、1区分の道幅が狭い。今まで気分よく走っていたのにランナーでごった返しの状態になってしまう。自慢の県庁の建物も見る余裕がない。せめて1回だけの折り返しにして欲しい。

広い橘通りに出ると反対側の奥は、昨夜食事に来た繁華街である。私は生中1杯に熱燗2本、もつの煮込みとおでん、むすび2個であった。街は幾筋もあり入る店に目移りする。別の日にゆっくりぶらついてみたい所である。橘通りを少し走ると宮崎神宮へ行く道に入る。参道なのか、昔のままの道幅で狭い。神宮の鳥居を見て手前で折り返す。建物は見えない。

東国原氏の推奨のコースは狭くて走りづらく、何とも変なコースである。テレスコープで見える海岸線の道路の方が良いように思える。また県庁通りに入るが折り返してすぐが20キロである。ここで10キロのラップタイムをみると1時間06分06秒である。

ちょっと予定より速い。調子に乗り過ぎたか？　このままだと5時間を切るペースである。最近の練習では走っていない速いペースである。ペースを落とすべきか、しかし体に異常はみられない。決断としてこのままのペースで走ることにした。昔は走っていたペースでもあるから。

大淀川の橋を登りここから運動公園までの長い長い帰り道である。途中から公園内の大きな建物が見えるがなかなか近づけない。30キロの表示を過ぎる。ここで10キロのラップタイムをみる。1時間12分01秒。ちょっと前から足に来ている感じがある。

30キロの壁か！

30キロの壁はなぜあるのだろう。

20キロのスプリットが速すぎたのか。

そこでペースを落としていればなかったのか。

よくわからない。

永遠の謎だ。

我慢して走る。ハムストリングからヒラメ、足の指、足の裏と痛みは広がっていく。

ついつい歩いてしまう。

「よし、あの道路標識の所までは走ろう」とか、「あの応援している人たちがいる所までは走ろう」とかして頑張ってみるが、どうしても歩いてしまう。32キロを過ぎた頃に下道に降りる下り坂がある。ここでスピードを上げ足に刺激を与え調子をつけようと思ったが足がついてこず、かえって歩いてしまう羽目になった。運動公園に入りゴールは目の前にあるが、我々はさらにトロピカルロードを走ってこなければならない。もう力尽きた感じがある。その時斜め前を知り合いが歩いているのが見えた。近寄って一緒に歩こうと思ったがやめた。彼とは1カ月前に地元のハーフマラソンでも一緒だった。帰り際に出会った時タイムを聞かれ、私より若干速かったようだがそのニヤッとした反応が気に入らなかった。頭にカチンときたことを思い出した。

「ヨシッ今日は勝ってやろう」とがぜん気力が出てきた。道の反対側に寄って静かに走り抜けた。目立たないように、見つからないようにだいぶ追い抜いたと思う。

しかしここは折り返しコースである。まともに顔を合わす可能性がある。横を向いて目を合わさないようにして何とか乗り切った。また公園内に入りいよいよゴール間近となる。

だが足は動かない。

応援してくれる人が沿道に多くいるがまったく走れない。ゴール50メートル前から走り何とか格好をつける。いつものレースだとここで近くに芝生を見つけ20、30分横たわるところだが、今回はそんなことをする必要もなく、着替えて頼んであった弁当を受け取りに行って、帰りのバスに乗り、缶ビールを開け、弁当を食べた。このレース後の余裕は何だろうか。レース後半の無様な走りと違い過ぎる。まあしかし、ここは久しぶりのフルマラソンを完走できた事で良しとし、もう1本缶ビールを開けよう。

ところで、昨日バスで飲んだくれていた連中はどんなレースをしたんだろう。バスの中で聞くともなく聞いていると、何と驚くなかれ若者は、サブスリー一人、サブフォー二人とのこと。怪物である。まじめに調整すればオリンピックも目指せるのではと思ってしまう。

第29回

青島太平洋マラソン

完走証

堀口　茂 様

種　　目　フル70歳以上男子

ナンバー　4956

記　　録　5時間13分01秒

種目順位　53 位

男女別総合順位　4511 位

10km通過 : 1時間10分44秒

20km通過 : 2時間16分50秒　10km-20km : 1時間06分06秒

30km通過 : 3時間28分51秒　20km-30km : 1時間12分01秒

40km通過 : 4時間53分30秒　30km-40km : 1時間24分39秒

ネットタイム(参考)　5時間09分48秒

※順位は暫定順位です。

あなたは第29回青島太平洋マラソン2015において
良く健闘し完走されたことを証します。

2015年12月13日

第29回青島太平洋マラソン2015

会長　菊池銑一郎

主催／国際青島太平洋マラソン大会実行委員会

青島地域振興協議会、JTB宮崎観光受入協議会、JTB九州宮崎支店、MRT宮崎放送

共催／宮崎県視覚障害者福祉協会、宮崎陸上競技協会　競技主管／宮崎陸上競技協会　特別協力／宮崎日日新聞社

特別協賛 ANA

■完走して、なお……

しばらくたってから（1カ月くらいか？）何となく心に引っかかっていたことが、まだすっきりしない。ゴール後の元気すぎる自分に、である。その時はまだまだ走れるぞと思ったが、そうではないのではないか？　と思っている。なぜゴール後に20、30分倒れて起き上がれなくなるくらい走らなかったのか？　ということである。記録をみると32キロ以降はすべて8分／キロ以上である。ほぼ歩きの速度である。逆に考えると一人の男を抜き去ることぐらいではモチベーションは上がらなかったといえる。1分せめて30秒／キロ短縮できていれば5時間を切ることができた。だが、簡単なことではないかもしれない。久しぶりであり、練習もやったとは言えないという言い訳もできるが、年齢的なもの、筋肉が衰え気力も衰え、もうぶっ倒れるまで走りきるような気力、体力はないのかもしれない。この件については結論をもう少し後に延ばそうと思う。練習をもっとやってからにしようと思う。

初動期――２００２年　60歳〜

■定年、ランニング日記をつけ始める

２００２年８月26日、60歳で定年退職を迎えた。定年後にやりたいことは、だいぶ前から考え頭に入れてあるが、なるべく早く行動に移そうと焦る気持ちがある。

まずは日記をつけようと思い立った。会社勤めの時は、仕事そのものが日記であったが、今は自分で記録しないと残らない。日記などほとんど付けてこなかったので、何をどのように書くか決めず業者からもらってあったダイアリーに書き始めた。そしてこの日記が今本を書くにあたっての最大の動機になった。その時々の状況が鮮明に思い出され懐かしくなってくる。

書き始めたのは同年10月４日から。天気と気温（どういう訳か持っていた最高最低温度

～歴史と文化の都市公園～

佐賀県立　佐賀城公園

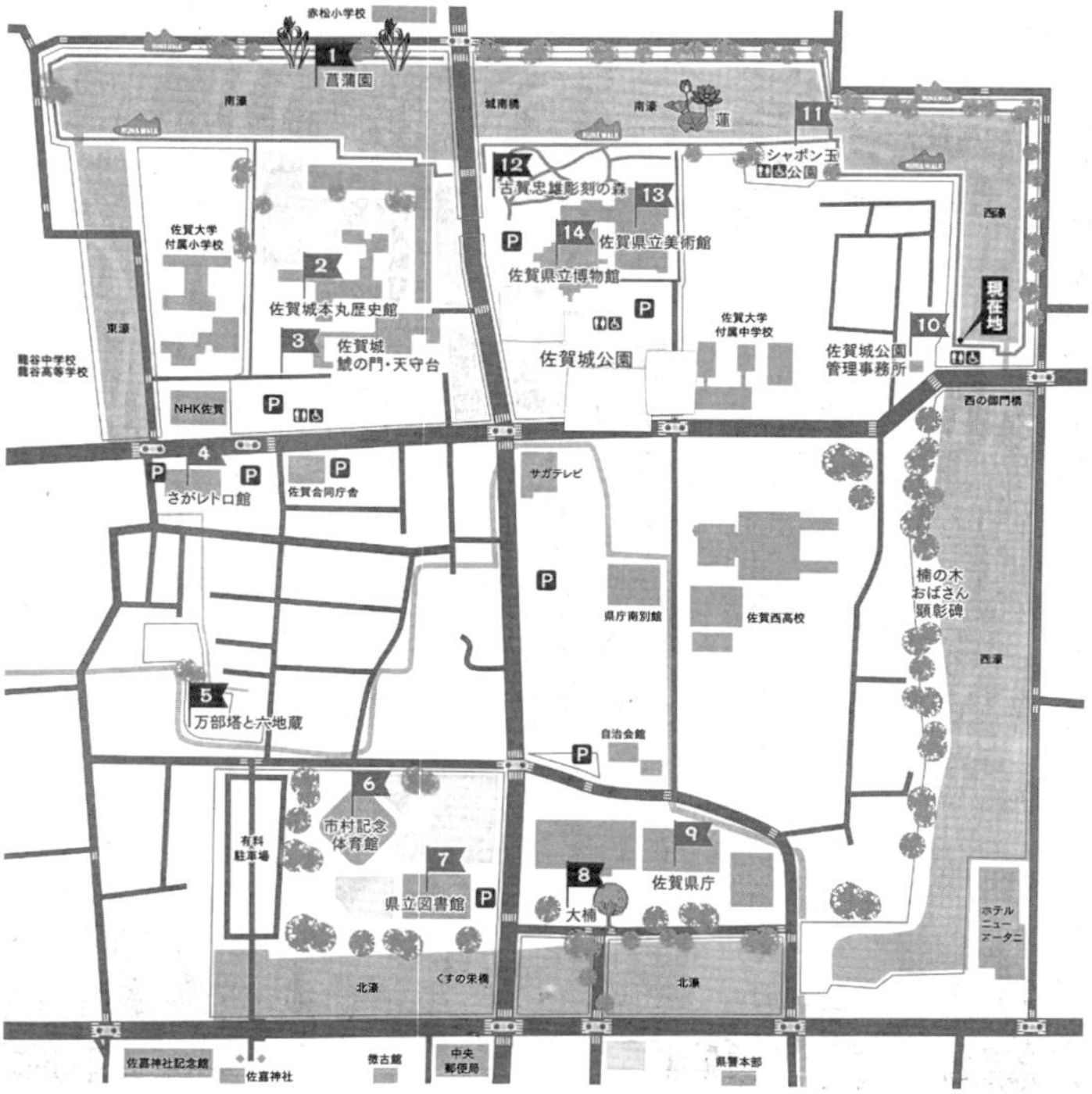

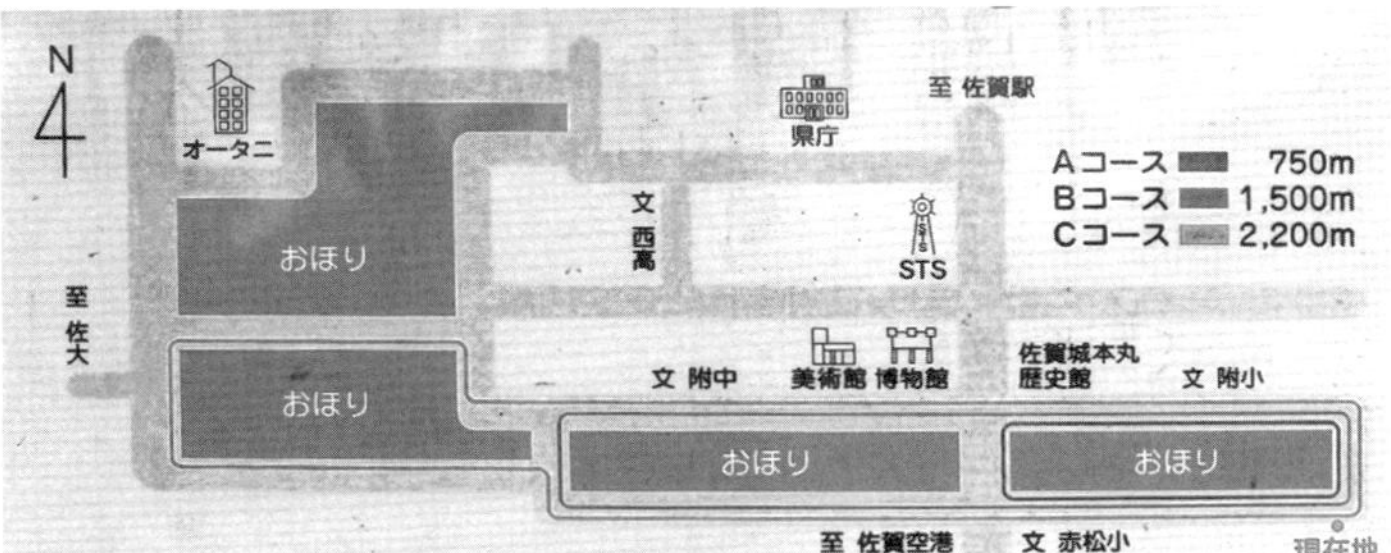

ジョギングのめやす

	1分間の速さ	Aコース	Bコース	Cコース
はじめての人	約120m	約6分10秒	約12分30秒	約18分20秒
少し走ったことのある人	140m	5分20秒	10分40秒	15分40秒
走ることに自信のある人	160m	4分40秒	9分20秒	13分50秒
体力のある強い人	200m	3分40秒	7分30秒	11分

お堀の練習コース

計の記録）しか書いてない。ハローワークに行ったこと、職業訓練のことなど何にも書いてない。しかしマラソンの練習については書いてある。10月10日2キロジョギング、同13日0・5キロウォーク、1・5キロと2・5キロジョギングとか書いてある。今となっては日記をつけ始めた本当の理由は忘れたが、退職した時はヘビースモーカーで大酒飲み、糖尿病予備軍の生活習慣があり、これを改善しないとこれからの快適な生活はできないと思い、走り始めたのだと思う。だから走りの記録を中心に日記をつけようと思ったのだろう。走ったのは佐賀城公園のお堀のランニングコースで1周1・5キロおよび2・2キロなどのコースである。10月が4回15キロ、11月が3回12キロ、12月が5回22キロ走っている。回数が少ないが、それは退職後間もないため昔の同僚との飲み会、旅行等があったためだと思う。

少ない走りの中で、工夫もしている。まず、走るだけではつまらないので、歩数を数えることを始めた。たとえば1・5キロを何歩で走ったかということである。4歩を1として数えると、数えやすいし、走るリズムも悪くない。所要時間も計っておけば、そのスピードでの歩幅がわかる。速歩の時＝85センチ、ジョギングの時＝105センチ、100メートル競争の時＝125センチ、などの歩幅を知っておくのも悪くない。距離のわからない所を測ることができる。

また、階段の上り下りもやっている。佐賀は坂が少なく、階段もほとんどないが、お城の天守閣のあった石垣があり、そこに登る階段2カ所、55段がある。ここを10回、20回と走れば鍛えることができる。

■初動期を振り返る

2003（平成15）年になり、多布施川沿いの歩道、空港道路沿いの歩道もランニングコースに入れている。しかしここで心配になったことがある。だいぶ遠くまで長い距離を走るようになるので、体への負担は多くなる。ふだんの不摂生がたたり、脳梗塞とか心筋梗塞とかで倒れるようなことはないだろうか？　ということである。誰かが助けてくれるだろうが、誰だかわからないというような状態にならないだろうかと心配になる。そこで名前、住所、血液型、自宅電話番号を書いたメモをポケットに入れておくことにした。私はしばらくしてやめてしまったが、体の状態に自信がつくまでは検討すべきと思う。

以上、次ページの表にまとめた2003（平成15）年10月、61歳2カ月までを私のマラソン初動期としたい。

初動期を総括すると、

① 自己流で走り始めたが、体に故障もなく乗り切れたのが評価できると思う。おそらく練習回数や距離も少なかったこと、ウォーキングや階段上り、速歩など緩めの運動を取り入れたことなどが良かったと思う。

② ランニングスピードについては、最初からキロあたり5分台で走っている。75歳の時点ではキロ7分前後であり、けっこうなスピードで走ったと思う。

初動期練習記録

	月	走行回数（回）	距離（km）	階段（往復回数）
2003年（平成15）	1	5	30	105
	2	9	96	260
	3	7	75	225
	4	9	104	55
	5	2	18	0
	6	3	28	0
	7	2	18	
	8	7	80	
	9	1	7	
	10	0		
2003年11月〜2005年3月までフルタイムの仕事を受けて走れず 2005年7月から再開（同時期ランニングクラブに参加）				

60歳というのは今から思えば若いということになるが、それにしても速いと思う。色々思いをめぐらせてみると何となくわかってきた。

お堀のランニングコースを走っている人は当時でも結構いたが、ほとんどの人がコトコト下を向きゆっくり走っている。もっとかっこよく颯爽と走れないものかと思ってしまった。自分のペースで走ると他の人を抜いて気持ちよく走れる。しかし問題なのは数百メートル走ると息切れしてしまい歩かざるをえなくなってしまうことであった。当然ゆっくりスピードの人に抜かれてしまう。しゃくである。そこで息切れしないようにすることを考えた。ひとつは自宅からお堀のコースまで800メートルくらいあるが、そのなかに走りを入れあらかじめ心臓に負荷をかけておくこと、また階段の昇降を繰り返すことも同じ意味がある。

■新しい練習コース

これ等の工夫もあり息切れするまでの距離が少しずつ伸びコース1周1・5キロを8分前後で走れるようになった。7分半から9分近くまでスピードを変えることもできる。しかし次の問題が発生した。1周の壁である。1周1・5キロのコースまではクリアーできたが、休憩を挟まないと2周目に行けない。ここでもゆっくりペースの人に白い目で見られる。精神的な問題であり馴れればクリアーできると思うが、別の道を選択した。長いコースを見つけたのである。

ひとつは多布施川沿いの土手の遊歩道である。2、3メートル幅の道が6キロ続い

多布施川河畔公園園路（ホタルロード）
起点から終点まで500メートルごと
に標識が立つ

ており５００メートル置きに距離表示がある。道はすべて舗装されているが所々土道が並行して走っている。信号機が５カ所ほどあり、自転車も走行可という欠点もあるがゆったり走れるコースである。土手には桜の木が百数十本と松などの常緑樹が植わっており、春の花と夏の木陰がありがたい。

もうひとつは空港道路であるが、片側2車線の両側に３メートルほどの歩道があり12キロくらい続いている。車を走らせ1キロ毎に目印を見つけておいた。７キロまでは街路樹が植わっており日陰を確保できる。約５００メートル置きに信号があるがやむを得ない。信号待ちの時は時計を止めてストレッチ等で時間待ちをする。うまくすると近づくと青信号になるタイミングが連続することがあり、苦しいがラッキーと思い頑張れる。初動期は、連続5キロくらいをキロ5分台で走れるようになった。

空港道路

■フォームの点検

走るフォームについては、最初の頃は足を動かし、それにつれて腕が振れるという何となく硬いフォームという感じがあった。そんな時ある本で、肩甲骨と骨盤を動かすことを意識して走るということが書いてあった。早速実践してみたが、普段意識していないため何となく走りにくい。工夫が必要である。そこで試したのが、階段上りと速歩である。階段上りは2段飛び、3段飛びをやることで足を大きく上げ、腕を大きく振らないと飛べない。速歩は大股で速く歩くと腕も振れる。これをやった後走ると確かに違った感じがある。颯爽と胸を張って、長い髪があったら後ろになびかせるように走っている感じがある。体全体を使っているイメージがあり気持ちが良い。肩甲骨と骨盤の可動域が広がり軟らかく走れるようになったということかもしれない。

■体への影響

飲んべーでヘビースモーカーであったことが体に悪影響しているのではという懸念

がずっとあったが、今はほっとしている。息が切れるほど走っても、それを繰り返しても心臓は動いている。死ぬほど苦しいが心臓は止まらない。マラソンのような長距離は走っていないが、それは足の筋肉を鍛えること等の別の問題と思える。走り始めてから喜ばしいことにたばこの本数がえらく減った。退職して仕事のストレスが減ったこともあるが、自分の体は自分で守るという健康志向が強くなったことがあると思う。

酒については、友達と飲む回数が減ったこともあり、多飲して二日酔いすることは減った。しかしやってみたいことがひとつあった。まだ在職中の時、昼飯時に店に入ると老人が一人でチビリチビリと悠然と飲んでいる姿がうらやましかったのである。退職後実践してみたが、今いちである。うらやましそうに見ている人はいない。アル中がいるという邪魔者扱いである。なんでだろうと思って考え至ったのが服装である。よれよれの普段着で昼間から飲んでいてはアル中にしか見えない。シャキッと変え上着などで決めて品よく飲まないといけない。これで横目でうらやましそうに見られ、おいしい一杯になる。満足である。しかしある時の血液検査でガンマＧＴＰが異常に

コーチコラム①

10km、ハーフマラソンの記録から フルマラソンの記録を予想しよう！

レースの記録は、今の自分の走力を表すと同時にこれからのトレーニングスピードを決める上で非常に役立つものです。まず、はじめにフルマラソンの記録を予想してみましょう。運動生理学者のティム・ノックス博士は、次の計算式を発表されています。

10kmの記録からマラソンの予想記録は5.48×記録－28

ハーフマラソンの記録からは2.11×記録

例えば、10kmの自己記録が45分の場合、5.48×45－28で約3時間40分、ハーフマラソン1時間42分の方は、2.11×102で3時間35分となります。どちらかというとハーフマラソンの記録からの予想がより正確といわれています。

＊「コーチコラム」①～⑥は私が所属しているランニングクラブのコーチであり本書の監修もお願いした檜垣靖樹先生（医学博士／福岡大学スポーツ科学部教授／以前は佐賀大学医学部勤務）によるものです。

高いと指摘され、それ以降昼飯時の飲酒は少し控えている。

初動期ではキロ5分台のペースで5キロくらい走ることができたことは確認できたが、フルマラソンはまだまだ気が遠くなるほどの距離である。果たして行き着くことができるのか不安はある。

ウォーキングだとなかなか汗をかかないのに、ランニングだとアッという間に汗をかく事に気づいた。これは、ランは両足が空中に浮いた状態になるため、ウォークに比べ1・5から2・0倍のエネルギーを消費するからとのこと。汗をかくことにより体重を減らす事は簡単にできるが、ほとんどが水分であり、生ビール1杯くらいは大丈夫であるが翌日にはほぼ戻ってしまう。この汗の中には多少の皮下脂肪も入っていると思うが、体重を確実に減らすのには定期的にコツコツと走ることが大切とのことである。

ウォークにしてもランにしても健康を維持するために体重をコントロールしようと考えている人が多いということだと思うが、60歳はまだまだ若い。ランにトライしてみてはと思う。

残念ながら、私は体重を継続的に測る習慣はこの頃まだなく、記録を残すようになったのはだいぶ後のことになる。

活動期——2005年 63歳〜

■ランニングクラブに参加

活動期は、ランニングクラブに入会してからのことになる。

佐賀市に企業スポンサーによるランニングクラブができるという噂は勤めていた頃からあったが、友達に走る人がいなかったので詳しい情報がなかなか得られない。そうこうしているうちに静岡の親戚から新聞に出ているとの連絡が入った。私もそこまで走りたいという気持ちを言ってあったのかとあきれ返るが、さっそく新聞を見た。ランニングクラブの最大の目玉は12月の〈ホノルルマラソン〉に出場し完走しようということである。走ったことのない人、老若男女誰でも指導しますとのこと。今からだと半年もないのに大丈夫かなと思ったが、コーチとして国立佐賀大学医学部でスポ

総合グラウンドでのストレッチ

ーツ医学を研究している檜垣靖樹《ひがきやすき》先生が中心となり、それにかかわる先生方もサポートしてくださるとのことであり、話だけでも聞こうという気持ちになった。

２００５年７月13日に説明会があり参加した。県総合グラウンドの１・５キロの周回ランニングコースが練習場で、週１回木曜日18時15分から90分練習する。また月１回三瀬村のやまびこ温泉に集合して周囲を走るとのことである。

会員になったのは26名。それこそ老若男女である。30代から40代と思われる男女がほぼ半々。最少は小学5年生の男子、最高はもうすぐ63歳を迎える私である。

ちょっと心細いが、初動期のトレーニングをよりどころに頑張ってみようと覚悟した。

翌日14日さっそく練習日である。県総合グラウンドに18時15分集合。準備体操。準備体操と言ってもラジオ体操ではない。ストレッチ体操である。アキレス腱、すね、太もも、肩甲骨と順番に一動作に20秒くらいかけ、ゆっくりじわじわと伸ばしていく。あとは自分の気になる個所をやる。

さて、走り出しは、ゆっくり全員で。あとは自分のペースでということであったが集団は崩れなかった。1・5キロのコースを4周走って今日は終わり。31分26秒であった（約5・24分／キロ）。私も緊張気味であったが皆についていけてほっとした。

16日は三瀬練習の日である。集合はやまびこ温泉。やまびこ温泉は冷泉を沸かした温泉で、駐車場も広く各自が車で来ても大丈夫である。私は帰りが疲れて運転できないと困るので女房の運転で行った。女房も三瀬ははじめてである。そして意外なことが起こった。女房は走るのは嫌い、苦手だと言っていたのに、コーチから誘われると走ってみると言い出した。シューズもちゃっかり車に放り込んである。それから今日現在までずっと夫婦で走り続けている。

三瀬の練習コース
先頭を走る檜垣先生（右）
吊り橋は北山ダムに架かる虹の橋（左）

三瀬はこれからも色々お世話になる所なので、私の知る範囲で紹介しよう。

まず標高４００メートルくらいにある農村で米、各種野菜、ミカン、リンゴ、なし、ブルーベリーなどの果物、食肉用の三瀬鶏、等の一次産業、二次産業が主体である。また北山ダムがあり、その周辺に公共施設やキャンプ場、サイクルロードがあり、釣りも盛んである。そして福岡市と佐賀市の境にあり両方から車で30分から1時間と近いため年間を通じてお客は多い。そば屋10軒ほどとその他の食堂、野菜マーケットなどがあり、土日はいつも混んでいる。皆車で移動するためそぞろ歩きする人は少ない。

私どもの練習コースは北山ダムの一辺を通る約10キロのアップダウンの大きいコースである。佐賀の市街地は坂が少ないため、このコースは厳しい。もう忘れてしまったがグループも相当ばらけた筈である。しかし3名のコーチが適当に分かれて指導、ガイドをしているので大丈夫である。後で聞くと高齢である私の体が一番心配の種であったらしい。

私は1時間03分で無事走破した。この日の下界の最高温度は36度であった。高地である事、午前中に走った事を加味しても三瀬も30度は優に超えていたと思う。通常、下界より3、4度低いようであり、夏は最高の環境である。

＊コーチコメント　年齢や走力が異なる集団が同じスピードでトレーニングすることは稀である。なぜなら効果的かつ安全にトレーニングするためには個別性の原則に則り、トレーニング計画を練るべきだからである。ただ、一般的にランナーの多くは「ここぞ」とばかりに頑張る人が多い。堀口さんも年齢（最年長）のこともさることながら、気持ちが若い、頑張ることができる人であった。マラソンは頑張りすぎないことが肝要。つまり、オーバーペースにならないように気をつけなければならない。

■**ホノルルを目指す**

今日の走りで私もホノルルを目指す気持ちが湧いてきた。仲間も大丈夫と言ってくれた。

そこでホノルルに至る私の練習記録を記してみたい。場所は県総合グラウンド（総合G）と三瀬がランニングクラブ、他は個人練習である。

2005年　7月　10回　走行距離　43・5キロ

20日（水）　お堀　6.4キロ　45分26秒
21日（木）　総合G　3キロ　17分03秒
　この日は脈拍とランニングスピードの関係について学んだ。「脈拍220－年齢」がMAXスピード。私は158。更にマイナス30±3くらいが持続可能スピード。私は125から131。脈拍の数え方は、走ってすぐに15秒間の脈拍を計り4倍する。測り方が遅いと脈拍が遅くなり不正確。
23日（土）　お堀　4.4キロ　26分44秒　脈拍122
25日（月）　お堀　4.5キロ　24分51秒　脈拍122
　1.5キロ　7分50秒　脈拍130
28日（木）　総合G　4.5キロ　24分45秒　脈拍122
　1.5キロ　8分34秒　脈拍146　バテる

29日（金）　多布施　5キロ　30分11秒　脈拍134
30日（土）　総合G　2.5キロ　16分30秒　脈拍126　昨日からバテ気味　練習中止
　　　　　　　　　10・2キロ　60分走　脈拍134　LSD走法について教わる。

＊コーチコメント　LSD＝ロング・スロー・ディスタンスは、ゆっくり、長く走る方法。足の筋肉の毛細管の末端まで血液を送り、筋肉を鍛える。ニュージーランドのアーサー・リディアード氏がマラソン・トレーニング法として用い、数々の名ランナーを輩出した。

8月　14回　走行距離　117・2キロ

1日（月）　東与賀公園　11・8キロ　72分40秒　脈拍130
　バテ気味。新ルート開発。南バイパスを南に向かい東与賀公園まで8キロの農道で信号は2カ所、車は少なく安心して走れる。
2日（火）　お堀　8.2キロ　50分14秒　脈拍129
4日（木）　総合G　6キロ　36分21秒　脈拍129

7日（日）　三瀬　12キロ　71分　脈拍134　まだOK
9日（火）　お堀　8.9キロ　51分08秒　脈拍129
11日（木）　総合G　7.5キロ　41分26秒　脈拍131
14日（日）　お堀　4.4キロ　26分50秒　だるくて中止
15日（月）　お堀　10・4キロ　60分00秒　脈拍132
18日（木）　総合G　7.5キロ　43分39秒　脈拍131
22日（月）　空港　95分走　脈拍131
23日（火）　多布施　10キロ　58分50秒　脈拍131
25日（木）　総合G　7.5キロ　44分14秒　脈拍134　終回ペースアップ、まだいける
27日（土）　東与賀　11・8キロ　68分45秒　脈拍131
30日（火）　お堀　11・2キロ　63分44秒　脈拍131

コーチコラム②

ホノルルマラソンにチャレンジしよう!

午前5時（Wheelchairは午前4時55分)、アラモアナ大通りのスタートラインにつく自分の姿を思い浮かべてみましょう。さて、そこにはどんな自分がいるでしょう。

脚慣らしに10kmレースに参加した際は、翌日の体調をメモしておきましょう。朝、起きた時の身体の声はどうかな?

悲鳴をあげていそうだ、と感じた方は、練習のスピードを控えめにして、ストレッチなどを多めに行いましょう。もちろん、食事にも気をつけましょうね。特に蛋白質とビタミン、脂身の少ないお肉や大豆食品そして果物や温野菜を好んで食べましょう。「食べ過ぎに注意!」なんていいません。酷使した身体にも、たまにはご褒美。ただ、アルコールはご褒美どころか、肝臓や筋肉に追い討ちをかけます。レース後の週は控えめにしましよう。

9月　13回　走行距離　147・1キロ

1日（木）　総合G　6キロ　35分45秒　脈拍131
3日（土）　お堀　11・8キロ　71分27秒　脈拍129
8日（木）　総合G　7.5キロ　42分59秒　脈拍132
10日（土）　総合G　15キロ　88分51秒　脈拍134　足全般に疲労
13日（火）　お堀　11・1キロ　64分46秒　脈拍131
15日（木）　総合G　7.5キロ　42分34秒　脈拍131
17日（土）　阿蘇合宿21キロ　120分02秒　脈拍133
阿蘇クロスカントリーコースでのトレーニング。国内外の一流アスリートも集う名コース。芝生の上を走る快適さを楽しむ。
18日（日）　12キロ　84分　バテる
21日（水）　お堀　6.7キロ　39分30秒　脈拍129
22日（木）　総合G　7.5キロ　43分01秒　脈拍134

上／阿蘇クロスカントリーコース
下／諸富　徐福サイクルロード

25日（日）　徐福　16・6キロ　90分36秒　脈拍130　余裕あり
新ルート。お堀から東約1キロに旧鉄路の桜並木自転車道路がほぼ直線5キロ
28日（水）　お堀　9キロ　47分59秒　脈拍131
29日（木）　ホノルルマラソン説明会
30日（金）　徐福　15・4キロ　85分40秒　脈拍130

10月　12回　走行距離　158・7キロ

3日（月）　県庁にてパスポート申請　10年15000円　11日受取
4日（火）　旅行会社ツアー説明会
5日（水）　お堀　9.7キロ　54分29秒　脈拍130
6日（木）　総合G　7.5キロ　42分15秒　脈拍131
8日（土）　佐賀大学グラウンドで乳酸値測定　走るスピードを段階的に上げその都度耳タブから血液を採り乳酸値を測り、同時に心拍数を測る。

上／佐賀大学陸上部の学生をペースメーカーとして走る
下／測定は佐賀大学医学部の看護師らのサポートをうけた

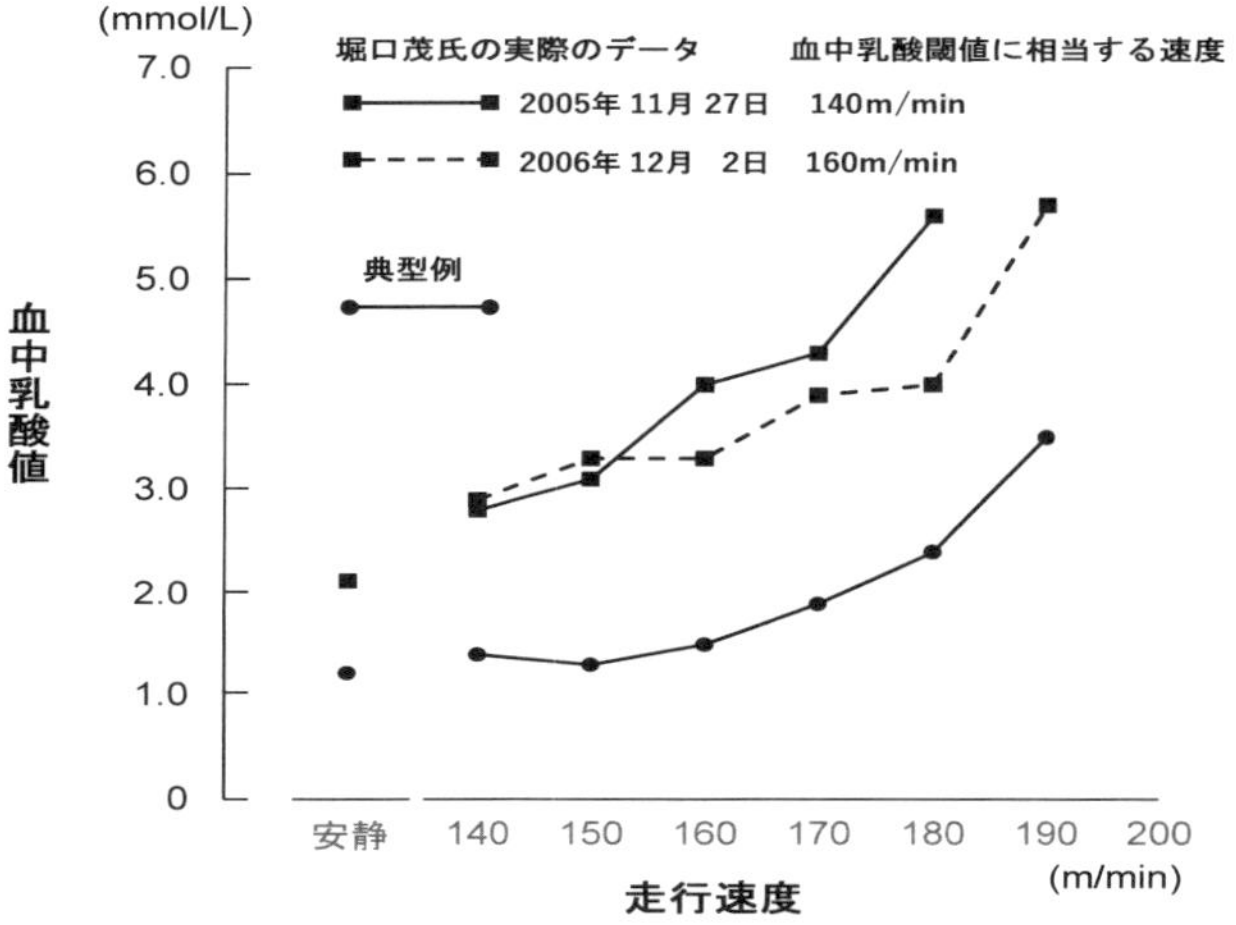

図　堀口茂氏の走行運動負荷試験時の血中乳酸値の変化

2005年時のデータに比べ、2006年時は血中乳酸値の上昇が右にシフトしている。すなわち、トレーニング効果が表れていることを示す。堀口氏の安静時の血中乳酸値は少し高く、運動時の乳酸値推移も高いのが特徴であるが、典型例同様にある走行スピードを超えると血中乳酸値の急上昇が見られ、血中乳酸閾値を評価することができる。

目標スピード (m/min)	実測スピード	乳酸値	心拍数	走行距離
スタート	0	2.2	68	0
140	137	2.4	91	560
150	151	3.0	109	600
160	160	3.7	119	640
170	168	3.4	125	680
180	180	3.3	126	720

このグラフと表はランスピードを上げることにより乳酸値と心拍数が上がっていくことを示している。これは私のデータであるが、この時点では、この表をどのように活用するかはわかっていない。

そのことより問題になったのは、乳酸値が異常に高いということである。一般的にはスタート時は１・０程度の人が多く、１６０ｍ／秒の時２・０程度が普通とのこと。私を除く他の19名の人はみんな正常値である。私のような人もたまにいるとのことであるが、その人がその後どのようなランをしているのか？　気になるところではあるが、わかっていないようだ。私も一検体として今後観察されるということか？　今のところ体に異常はなく、普通に走れているようなので気にしないで行こうと思う。

もうひとつ心配になったのは測定費用である。心拍計を員数分借用すること、ペースメーカーを佐賀大学・陸上部に、乳酸地測定を医学部看護師に頼む等結構な費用であり、佐賀大学地域貢献推進事業としての取り組みである。

9日（日）　東与賀　16キロ　89分56秒
10日（月）　多布施　12キロ　66分16秒
13日（木）　総合G　7.5キロ　41分35秒　脈拍130
16日（日）　ハーフマラソンレースに参加
21.2キロ　125分36秒

実はだいぶ前に言われて、皆で手続きを済ませていた。ホノルルの予行演習とのことで気楽に考えていたが、初レースでもあり当日は緊張するかと思ったが、意外にも練習の時と変わらなかった。多分仲間と一緒だからだと思う。レース名は「三瀬村ざっといいかんばい林道マラソン」でほとんどがアップダウンばかり。最もきつい登りでは手が地面につきそう、下りはどうにも止まらない感じである。特に下りでは膝に注意と言われてもどうにもならない。何とかクリアーできた。

20日（木）　総合G　7.5キロ　41分35秒　脈拍130

23日（日）　多布施　24キロ　133分52秒　脈拍132
後半きつくペースダウン
24日（月）　お堀　11・8キロ　63分10秒　快調
26日（水）　多布施　12キロ　66分11秒　脈拍131　バテる
27日（木）　総合G　7.5キロ　41分45秒　脈拍131　快調
29日（土）　東与賀　22キロ　122分59秒　バテる

11月　16回　走行距離　171・0キロ

1日（火）　多布施　12キロ　65分03秒　脈拍131
2日（水）　お堀　8.2キロ　46分40秒
4日（金）　多布施　12キロ　65分43秒
5日（土）　徐福　15・2キロ　85分29秒　脈拍130
7日（月）　多布施　27キロ　151分20秒　500m歩く
2.5キロ　14分52秒　脈拍131

10日（木）　総合G　13・5キロ　73分33秒

12日（土）　三瀬　15キロ　86分45秒

13日（日）　鳥栖ウォーキング大会　20キロ　3時間06分

15日（火）　お堀　11・1キロ　66分19秒　脈拍129　快調

17日（木）　総合G　6キロ　35分15秒

18日（金）～23日（水）帰省　この間2回15キロ走る

24日（木）　総合G　7.5キロ　44分14秒　快調

25日（金）　お堀　9.7キロ　53分45秒　快調

27日（日）　佐賀大学グラウンドで乳酸値測定

私の乳酸値があまりにも高く異常であったため私だけ再測定をすることになった。結果はスタート時2・0　160m／秒時4・0と1回目同様異常であった。先生方も首を傾げるだけである。過去の事例を調べてみるとのこと。

コーチコラム③

いつものトレーニングのペースは、マラソンペースとどのような関係がありますか？

トレーニングスピードを見直してみよう！　1979年、ファーレル博士は、フルマラソンを走る時のスピードがエリートランナーも市民ランナーもみんな同じで、血液中に乳酸をためないスピード（乳酸閾値スピード＝LTと呼ばれています）であることを発表されました。今では、生活習慣病の患者さんの運動療法にも応用されていますが、この乳酸閾値スピードは、普段のマラソントレーニング時のスピードとしても活用できます。私たちのクラブでは、乳酸閾値スピードを測定するために運動負荷試験というテストを行う予定にしていますが、レースタイムからそのスピードを予想することができます。例えば、ハーフマランン1時間52分の方は、フルマラソンの予想記録が約3時間56分（236.3分）、乳酸閾値スピードはフルマラソンの平均スピードですから42,195（m）=236.3（分）=178（m/分）となります。分速178mは1kmを約5分40秒、外周1.5kmの佐賀総合グランドでは、1周を8分30秒のペースで走るとちょうどよいということになります。

29日（火）　東与賀　9.6キロ　52分09秒
　お堀　6.7キロ　37分46秒　脈拍131

12月　ホノルルマラソン本番

1日（木）　多布施　12キロ　68分15秒　脈拍131
夕方、ホノルルマラソン決起集会　けっこう飲んべーが多いのにびっくり
5日（月）　多布施　12キロ　68分15秒　脈拍131

■ホノルルに入る

8日（木）
福岡空港から台北経由でホノルルへ。
着8日　朝5時40分　いよいよハワイへ。
別便の人も含め総勢23名。内訳はコーチとその家族で3名、「プロローグ」で紹介したマラソンで会社をやめた唐津男、速い女性2名もいる。他に添乗員1名。

到着後時差ぼけ解消のためダイヤモンドヘッド登山。午後はワイキキビーチ散策。夕方はオプショナルツアーでポリネシアンマジックショウ。夕食付。

9日（金）

朝6時50分ホテルラウンジに集合。マジックアイランドで朝練30分。

朝食後自由行動。私は海で泳ぐ。夕方市内でパーティー。2次会は私の部屋で8名参加（ABCマートで仕込み）

10日（土）

朝練は同様。自由行動。アラモアナショッピングセンターへ。夕方明日に向け準備。ゼッケン、タグ取り付け。缶ビール2本。

朝練風景

■レース当日

11日（日）

早朝3時起床。眠れなくても大丈夫。朝食おにぎり2個バナナ1本。

4時ロビー集合。4時20分スタート地点に向かって歩く。2万数千人の人がゾロゾロと歩く。外は真っ暗。

皆仲間同士でおしゃべりしているようであるが。声が闇に吸い込まれているようで押しなべて静か。時々緊張に耐えかねたのか奇声が上がる。スタート地点に近づくと、スピーカーから司会者の声、ゲスト何人かの挨拶等で騒がしくなる。スタート順は2万数千人が一斉にとはいかないので、まずはプロ集団、次からは自己申告した完走予想タイムで付けられたゼッケンにより速い順に並ぶ。たとえば3時間より速い人、3時間から3時間半の人、4時間から4時間半の人というように、おおざっぱではあるが、このグループ分けでスタート時の混雑を緩和することができる。我々も確か三つのグループに分かれたと思う。

挨拶が終わるといよいよスタートとなる。我々も緊張感が少しずつ高まってきた。しかし足が震えるようなことはなくかなり冷静である。司会者の合図とともに花火が上がった。何発も何発も。高々と。スタートである。しかし私たちはすぐに走れるわけではない。スタートラインからは遥か後ろにいて、前にいる人から順々にスタートするからその後を詰めていきスタートラインに近づく。最初は歩きながら、徐々に駆け足になり、それっと飛び出す。その時自分のストップウォッチを押すことを忘れてはいけない。これが自分の記録の原点となる。ネットタイムである。他にグロスタイムがあるが、これはスタートの号砲が鳴った時からの時間であるから、我々には不利であり参考にもならない。

■夜明け前のスタート

外は真っ暗であり会場の明かりでかろうじて周囲が見える状態である。横を見ると今までいた仲間3人がもういない。鎖を解かれた猟犬のように飛び出してしまったようだ。私は前にゆっくり走る人がいて前に行けない。前を走る人の背中に手をついてぶつからないように走る。ここで前の人を追い抜こうとしてサイドステップしてはいけないとコーチから厳重注意を受けている。横への動きはマラソンにとって不必要な動きであり、これを繰り返すと後半足の疲労につながるとのことである。どうしようと思っている時、前の人がいなくなった。要するに前に遅い人がいたら数メートル手前から緩やかに抜くことを考えなければならないということだと思う。コースは中華街に向かい街中を通り抜け別の道をアラモアナセンターの裏側に戻り、ここからはワイキキビーチの1本山側のホテルの多い道を走る。街灯だけの暗い道から、ホテルの明かりと宿泊客の通りに出ての応援でほっとする。しかしこの距離は意外に短く、すぐダイヤモンドヘッドの上り坂に入る。この坂は緩い上り坂であるが、道幅が狭くなっているのがわかる。下から仰ぎ見るとランナーがひしめき合って登っている。

この分だと前の人を抜くにはサイドステップを使わないといけなくなると思われる。左横を見ると植栽の向こうに歩道が見える。あまり走っている人がいない。そちらに移動し走る。しばらく走ると混み合いもだいぶ少なくなってきた。

おそらく広い道から急に狭い道になったためボトルネック状態になり詰まったのだと思う。そしてランナー同士が折り合いをつけ普通に走れる状態になったのだと思う。そのうちに住宅街に入り、いよいよ高速道路で広い道幅に目の前が急に開けた感じである。この広さだとどこをどのようなスピードで走ったらいいのか戸惑う。気がつくともう周りは薄明るく、まだ足にも疲れはないようだ。周りのランナーと同じようなペースで走っていると気持ちがいい。

前から朝日が昇ってきた。ちょっ

とまぶしい。その時反対車線をえらいスピードで走ってくる人がいる。なんでこんな所を走っているのだろうと思っているとまた一人、二人と走ってくる。そこで気がついた。彼らはトップランナーなのである。我々と同時にスタートして、すでに高速道路を折り返し、これからダイヤモンドヘッドを通過すればもうゴールである。確かに私や私と一緒に走っている人たちとは、足の運びが違う。私らの全力疾走である。私もこれからトレーニングすればあんな走りができるようになるのだろうかと思うと、愕然とするしかない。年を取ってから始めたマラソンであり、それなりの走りをすればいいのではないかと自分を慰めながら走る。

■レース後半

あと25キロくらいは走らなければならない。そういえば距離表示が気になりだした。今までは、暗いし、混み合っているし距離表示があってもタイムを計る余裕がなかった。これからは落ち着いてタイムを計ってみよう。しかし時計はおかしな数値を示している。そういえば暗い中で距離表示を見付けるとスイッチを押したり次の表示を見過ごしてスイッチを押さなかったりして訳がわからないタイム表示となっていると思われる。私はラップタイム機能にしてあるので、これから各距離表示ごとのタイムを計ってみようと思った。

〈ホノルルマラソン〉はマイル表示である。完走すると約26・4マイル走ることになる。1マイルは約1・6キロであり私の目標は9分〜9分30秒で走ることである。13・2マイルが中間点である。その頃から右足太ももの裏側（ハムストリング）が張り気味である。所々にあるエイドステーションにあるスポンジで冷やしながら走る。

15マイルを過ぎると一度一般道の住宅街に出て一周しまた同じ高速道路に戻る。ここからは反対車線を走るが、行き交うランナーが途切れることなくいて、俺の方が速いと思うと元気が出る。しかし変装したりしている人も結構いて楽しんでいるようだ。21マイルをしばらく行くと高速道路とお別れである。ここからも住宅街である。1マイルくらい走ると遠く前方にダイヤモンドヘッドの上り坂が見える。ランナーが蟻の行列のようだ。近づくと結構急で距離も長い。気持ちが折れる感じである。途中2、3回歩いたが何とか登りきる。ここからは緩い下りでその先にゴールが待っている。

右ハムストリングは何とか持ちこたえてくれたようだ。ゴールが近づくと急に観客が多くなり、スピーカーからうるさい声が流れてくる。ゴールするランナーの名前を読んでいるようであるが、その英語の響きが気分を湧き立たせてくれ無事ゴールできた。

その前に途中の応援体制であるが、高速道路が長く、ここでは応援は見込めないが、住宅街では門頭で家族と思われる応援は多かった。一カ所5、6名の生バンドがジャズを演奏してくれていた。毎年恒例とのこと。また方々で子どもがバスケットにキャンディーやバナナを入れてすすめてくれた。エイドステーションは数は忘れたが所々にあり、水とスポーツドリンクと途中からスポンジを提供してくれた。ここで忘れてならないのは、各エイドステーションで水またはスポーツドリンクを必ず飲むことというコーチのアドバイスである。飲みたくなくても飲むということであったが、ハワイは暑くてもっと飲みたかった。熱中症防止のためである。

■ゴール！　そして驚きの……

ゴールした時は全力を出し切った感じでフラフラであった。直後にフラダンサーに巻貝をつなげたレイをかけてもらい、ミストシャワーを浴び、ペットボトルの水をもらい、リンゴとクッキーを受け取り、最後にTシャツと完走メダルをもらった。足腰の疲労は限界に近づきつつあった。池のほとりに芝生を見つけばったり倒れ込んだ。空は真っ青、見上げていると完走の満足感がふつふつと湧いてくる。やったーという感じ。そこで20、30分眠ってしまったようだ。そこに仲間の女性が倒れ込んできた。二人で仲間との集合場所に行きまた倒れ込んだ。こんどは靴を脱ごうと膝を曲げると足の裏側がつってしまいうまく脱げない。そのうちどこにいたのか仲間が集まってきだした。みんなゴロゴロである。疲れをいやしていると、ツアーガイドが食事を持ってきた。そういえば11時を過ぎている。腹は減っている。しかし食欲はない。何を食べたか覚えていないが、今になって思うとカレーだったら食べられたかもしれないと思えるのでそうだったかもしれない。

ここで重大発表があった。我々グループ内での順位である。コーチの奥さんがゴールで見ていたとのこと。

1位、2位は女性である。この二人は以前4時間切りを達成しており、今回も達成

ホノルルを走ったクラブの仲間たち

したいと言っていたのでそうなったのだろうと思う。そして3位であるが、なんと、なんと、私とのこと。びっくり仰天である。

男性にも私より速いと思われた人は多くいる。スタートの時鎖を解き放された猟犬のごとく走っていった人はどうしたのだろう。私は途中で追い抜いた覚えはないが、人が多いからお互いに見落としたのか？　不思議である。

あとの人のことはどうでもいい。明日の正式発表が待たれる。〈ホノルルマラソン〉は明日にならないと正式なネットタイムをプリントした完走証を渡してくれない。しかし完走者全員の名前とタイムを記載した新聞も配布してくれる。

食事もしたし、足の疲労も膝を曲げて靴の紐をほどけるように回復した。さてホテルへ帰ろう。道路端には観光バスがたくさん停まっている。よくよく聞くと各ツアーが手配したバスで他の人は乗れないとのこと。私どものツアーガイドに聞くと、手配していないという。さらに本来は着替えとか小銭とかをガイドが集めてゴール地点に届ける必要があるが、これも我々も含め気がつかなかった。何ともずっこけた素人ツアー集団である。まあ安かったからいいか、という問題ではないと思うが。

そうなると薄いビニールシートの上に寝っ転がっていても埒が明かない。思い切ってホテルまで歩く覚悟を決めた。ここはワイキキビーチの東端の近くであるがホテルは西の端の近くである。端から端まで歩くことになる。そういえば速い女性二人はもういない。他の人はまだ動きたくなさそうだ。同調者一人。多分1時間はかからないと思う。砂浜を歩かずに並行して走る商店街の続く歩道を歩く。

途中の記憶は定かでないが、ホテルでキーをもらい、部屋に入り、バスタブにつかり、ベットでバタンキューとなった。物音で目が覚めると女房が帰っていた。今日は夕方5時からロビーに集合し、街中のレストランで完走パーティーをやるとのこと。ぞろぞろと集まり出かけたが、完走した満足感とか今いちはっきりしないタイムの話より疲労感の方がまさり早々に引き上げた。

■感動の完走証

翌日は8時に起床しバイキングの朝食。みんな元気が回復している。一休みの後、女房とあと一人の仲間の3人でゴール地点まで完走証をもらいに行くことにした。みんなもそれぞれの仲間で行くようだ。我々はワイキキビーチの波打ち際を、まだ筋肉痛の残る足を冷やしながら歩く。途中のホテルの屋外レストランで昼食をとり、さらに歩く。公園の中のゴール地点は完走証を受け取る人で長蛇の列である。しかし意外と捌きは早く、完走者全員の名前と完走タイムをプリントした分厚い新聞をもらう。

これが私の完走証である。タイムは4時間31分39秒。

ちなみに女房は6時間50分24秒。

20425

2005 JAL HONOLULU MARATHON & RACE DAY WALK

FINISHER

This is to certify that on December 11, 2005

Shigeru Horiguchi

4:31:39

Placed 4694th of 24261 Total Finishers

3439th of 12783 Males

166th of 891 Males aged 60 to 64

13.1 Mile Split 2:16:41

James S. Barahal, M.D.
President/CEO
Honolulu Marathon Association

Mufi Hanneman
Mayor
City & County of Honolulu

FINISHER

This is to certify that on December 11, 2005

Shigeru Horiguchi

4:31:39

Placed 4694th of 24261 Total finishers

3439th of 12783 Males

166th of 891 Males aged 60 to 64

13.1 Mile Split 2:16:41

この記録には自分でも満足している。しかも前半より後半が速い。疲れを知らない男、アイアンマンとは後程のみんなの評価である。

午後はダイエーショップで土産を買いアラモアナショッピングセンターで夕食。夜は何となく気の合った仲間5人と私の部屋で一杯やる。大宴会となる。この仲間とは、これから長い間、腐れ縁となる。

明日の朝2時45分にはボーイが荷物を受け取りに来る。4時半にはバスで空港に。ホノルルといよいよおさらばだ。

■ハワイの残像の中で

帰国後数日間は、まだ夢の中を浮遊している状態である。ホノルルのスカイブルー、ワイキキの浜に打ち寄せるさざ波、ヤシの木のざわめき、夕暮れのトロピカルタウンをそぞろ歩く老夫婦などが頭のなかに浮かんでは消える。

いやそれにまして、心地よいのはフルマラソンを完走できたことである。充実感と満足感で胸がいっぱいになり、おもわず「ヤッター」と声が出そうである。

それにしても日本は寒い。12月17日、帰国後4日目であるが気温はマイナス2度まで下がり、雪がちらつき、翌日1センチ積もる。その翌日の名古屋では12月としては58年ぶりの大雪で28センチ積もる。

22日も雪が降り佐賀でも4センチ積もる。これは12月としては20年ぶりとのことである。ハワイとの違いに驚かされる。

今回の〈ホノルルマラソン〉の収穫は何と言っても初めてのフルマラソンで完走できたことであり、しかもタイムも予想を大幅に上回る結果となり大満足である。そしてこの時点でサブフォーを目標にすることが頭をかすめている。

そして26日には練習を開始した。空港通りをジョグ&ウォークで6キロ、27日はお堀を6キロ走る。

完走記念のメダル

コーチコラム④

感動のゴール　ホノルルマラソン

午前5時スタート、晴れ、気温21度。

参加者28,048名（日本人17,345名）。ゴールの制限時間はないため、初心者ランナーでも安心。2005年12月11日

平成17（2005）年7月、佐賀大学地域貢献推進事業として「アミノバリューランニングクラブイン佐賀」を立ち上げ、初めて走る人、フルマラソンに挑戦してみたいけど……、ホノルルマラソンを一度走ってみたい……、そんな人を募集して26名（9～62歳）の仲間が集まった。週1回の合同トレーニングは、佐賀大学ジョギングクラブ（会長：向井常博理事）のメンバーと大塚製薬佐賀出張所（大田原・上杉）がサポート。ランニング学会からの資金援助を頂き、学術学会・民間企業そして大学のスタッフが協同してフルマラソン完走を支援する事業である。12月11日のホノルルマラソンには21名が参加し、みんながゴール！　なんと21名中15名がフルマラソン初参加で感動のゴール！

■4時間を目標に

さて2006年を迎えた。

今年からフルマラソンを4時間で走ることに向けて作戦を立てなければならない。コーチもクラブの仲間も簡単に達成できるのではと言ってくれている。実は私もその気になっている。今の練習スピードを維持してさらに長く走ること、足の筋肉を鍛えるためにLSD（ロング・スロー・ディスタンス）などを取り入れることなどをとりあえずの目標として頑張ってみようと思う。しかし結果が思わしくない。2年たっても3年たってもサブフォーに近づかない。

06年12月10日　ホノルルマラソン　4時間25分55秒
07年12月9日　青島太平洋マラソン　4時間27分05秒
08年12月14日　青島太平洋マラソン　4時間24分10秒

その時点では自分なりに練習したつもりであるが、何が悪かったのか、今更ではあるが検証してみようと思う。まず毎月の練習量の記録を見てみよう。

実は2006（平成18）年から3年日記をつけ始めている。B5判で縦に3段、横に2日と狭いスペースであるが、マラソンの練習記録を中心に日常の備忘録も書ける。マラソンの記録項目はいつ、どこのコースを、何キロ、何分で、調子は？　更に1周または1キロのラップタイムも記入した。

	2006年		2007年		2008年	
	走行回数	走行距離	走行回数	走行距離	走行回数	走行距離
1月	9回 内LSD 	99.7km 0回 	21回 内LSD 壱岐5km	276.9km 5回 24’51”	12回 内LSD 壱岐5km 吉野ヶ里10km	158.0km 3回 25’17” 51’55”
2月	10回 内LSD 北九州10km	118.3km 3回 52’45”	14回 内LSD 玉名10km	176.6km 3回 49’04”	3回 内LSD 大川10km	44.6km 0回 49’27”
3月	10回 内LSD 白石10km	111.1km 2回 48’15”	14回 内LSD 白石10km	207.2km 5回 52’53”	9回 内LSD	124.3km 1回
4月	9回 内LSD さくらハーフ	106.0km 1回 1h56’51”	16回 内LSD さくらハーフ	210.8km 2回 1h47’09”	11回 内LSD さくらハーフ	158.1km 1回 1h59’01”
5月	12回 内LSD 虹の松原10km	159.4km 3回 50’36”	16回 内LSD 虹の松原10km	212.5km 2回 49’20”	9回 内LSD	144.5km 1回
6月	13回 内LSD	109.0km 0回	5回 内LSD 千歳国際ハーフ	75.7km 1回 1h47’09”	9回 内LSD	162.3km 1回

まず肝心のフルマラソンについてだが、前年（2005年）のホノルル初マラソン以降数回走っているが、期待したほどタイムがよくない。とくに宮崎の青島太平洋マラソンのコースはダイヤモンドヘッドのような山がない。平坦で走りやすいと聞いた。体調も特に悪くなくサブフォーを期待したがまったく駄目であった。

なぜ私は走れなかったのだろう。まず走行回数については月10〜12回ではほぼ3日に1度で

	2006年		2007年		2008年	
	走行回数	走行距離	走行回数	走行距離	走行回数	走行距離
7月	14回 内LSD　1回	115.2km	8回 内LSD　1回	84.2km	13回 内LSD　0回	148.4km
8月	14回 内LSD　1回 長崎五島ハーフ 2h08'25"	133.3km	7回 内LSD　0回	63.3km	10回 内LSD　0回 長崎五島ハーフ 2h01'26"	126.0km
9月	15回 内LSD　2回	183.3km	14回 内LSD　3回	157.1km	9回 内LSD　0回	109.3km
10月	16回 内LSD　0回	200.2km	9回 内LSD　1回	105.1km	9回 内LSD　0回	133.8km
11月	11回 内LSD　1回	111.5km	11回 内LSD　3回	124.8km	11回 内LSD　1回 国東富くじ30km 2h48'39"	143.4km
12月	12回 内LSD　2回 ホノルルフル 4h25'55"	135.0km	5回 内LSD　1回 青島太平洋フル 4h27'05"	87.4km	11回 内LSD　1回 青島太平洋フル 4h24'10"	147.4km

あり少なかったかと思う。走行距離も月130〜150キロでは少なすぎたようだ。仲間には600〜700キロ走っていた人もいる。これは私には厳しい数値であるが、200〜300キロ走っている仲間もいたようだ。私も頑張って月200キロ走ってみたが、ひと月でダウン。歳ということか？　それともひとつ、これはマラソンを諦めた頃気づいたことだが、コースの幅が狭くランナーが詰まってしまいスピードが出せない個所

	2006年	2007年	2008年
走行回数	145回	140回	116回
月当たり	12.1回	11.7回	9.7回
走行距離	1582.0km	1781.6km	1600.1km
月当たり	132km	148km	133km
LSD	16回	27回	9回
レース5km	0回	1回	1回
レース10km	3回	3回	2回
ハーフ	2回	2回	2回
30km	0回	0回	1回
フル	1回	1回	1回
	ホノルル 4h25'55"	青島太平洋 4h27'05"	青島太平洋 4h24'10"

が3カ所くらいあることである。調子よく走っていても、ここでブレーキがかかってしまうわけである。

私の練習方法は、LSDのようにゆっくり長く走る練習もやるが、通常はキロ5分40秒（サブフォー）を意識して走っている。お堀のコース1・5キロを走る時、最初の1周を9分で走ると2周目は8分40秒で走り3周目8分20秒で走る。調子がいい時は2周目のスピードを多くして10キロ以上走る。調子が悪く1

	2009年	2010年	2011年
走行回数	143回	130回	126回
月当たり	12.0回	10.8回	10.5回
走行距離	1804.5km	1686.9km	1600.1km
月当たり	150km	140.6km	133km
LSD	5回	0回	0回
レース5km	1回	1回	0回
レース10km	0回	2回	2回
ハーフ	3回	2回	2回
30km	0回	0回	1回
フル	2回	2回	1回
	ソウル 4h08'10"	ソウル 4h00'52"	那覇 4h20'51"
	那覇 4h12'59"	ホノルル 4h40'07"	

周目を9分以上かかってしまう時は、帳尻を合わすのが大変になる。だから私の練習はほとんどペース走かビルドアップ走ということになる。

正直なところ、これはきつい。息をゼイゼイ切らして走っている。練習直後はサブフォー達成ということで満足感は得られるが、つらくてさぼってしまうことも多くなり、これが練習時間、練習距離を少なくした理由だと思う。当時はサブフォーペース優先で、いかにこのスピードで距離を伸ばすかということを考えていたのであまり疑問に思っていなかったと思う。ペース走より遅いLSDのようなスピードで走っても効果は少ないと思っていた。

LSDだと呼吸が楽で走りやすいが、30キロを目標にしても27~28キロくらいで飽きてしまい歩きに変わってしまう。そこで翌年からはペース走の練習は変えずに、LSDのスピードを少し上げてみようと考えた。

ということで09年はLSDのスピードをキロ6分30秒に上げてみた。ところがこれで30キロを走ろうとしたが、これはきつい。フルマラソンを走ったような疲労感がある。何とか月1回5カ月走ったがこれでついにギブアップした。

左足のかかと、右足の膝の痛みが以前から有り、氷で冷やしたり、ストレッチをしたりしてごまかしてきたが、いよいよ整形外科のお世話になることとなった。３日に１度くらい通い、電気治療、冷湿布、ストレッチをする。更に家でも冷湿布とストレッチはできるので毎日実施した。これで練習も継続できた。そしてコーチと医者にアドバイスされたクーリングダウン時のストレッチの徹底も実施することになった。アキレス腱、ヒラメ筋、膝、ハムストリング、骨盤、肩甲骨と順番に合計10分くらいかけてやる。練習後でありしんどいが、伸ばしている所は気持ちよく効果がありそうな感じである。そして更にクーリングダウンの一環として、ストレッチに入る前に１・５キロのジョグを加えた。これで20分を超えるクーリングダウン作業となるが、翌日の筋肉疲労はだいぶ少なくなったように思え、ずっと継続できた。

＊コーチコメント　マラソンはいかに一定のペースで最後まで走り切れるか、が鍵である。乳酸がたまるようなスピードは、筋肉に貯蔵されているグリコーゲンを原料にエネルギーを産生していることになる。筋肉のグリコーゲンには限りがあり、おおよそハーフマラソン程度のエネルギーしか持ち合わせていない。だから、グリコーゲンをいかに温存し

ながら走るか、最後までガス欠にならないで走る秘訣である。従って、日ごろからペース走を重ねて、自分の最適ペースを見つけること、また、最適ペースより少し遅めのスピードで長時間走るようなトレーニングは、マラソントレーニングとして向いている。

＊世界記録保持者で、東京五輪で金メダルに輝いたキプチョゲ選手は「トレーニングでは自分を限界以上に追い込まないことだ。実力の80％を超えてまでトレーニングをすることはめったにない」と語っている。スピードをあげて走れば走るほど記録がよくなる、とは言及していない点はトップアスリードだけにあてはまる技なのだろうか。いや、そうではない。トップアスリートも市民ランナーも、マラソンを走る時のスピードは、それぞれ乳酸値強度で走っていることが報告されている。すなわち、一緒なのだ。

■〈ソウルマラソン〉シリーズへ

こういう中で私の〈ソウルマラソン〉シリーズが始まった。誰の情報だったか忘れたが、ソウルはコースがフラットで記録が出やすいということである。〈アオタイ〉（青島太平洋マラソン）もフラットだがそれよりもさらにということで4名で挑戦することになった。皆タイムがよく、2年目の2010年も挑戦した。この時はさらに2名が参加し、応援団家族も参加という大ツアーとなった。ソウルの大会は3月21日、春とはいえ道端には薄氷が張るほど寒い。その成績はサブスリー1名、サブフォー4名、あと52秒でサブフォー1名という好結果である。

サブスリーの男は、本書の冒頭でも紹介した50歳を目前にした唐津男である。月600キロから700キロ走る成果であろう。逆にこのくらい走らないと達成できない記録かもしれない。彼はこの後の他のコースでのレースでもほとんどサブスリーを達成しており、プロの大会に一般参加したこともある。悔しいのは、あと52秒でサブフォーを達成できなかった男である。それがなんと私である。4時間走るうちの52秒くらいちょっと頑張れば何とかなっただろうと思うかもしれないが、どうにもならなかった。2010年の私の走行記録があるので検証してみよう。

■52秒の壁

私の作戦としては、ソウルは寒いのであらかじめ用意したビニールガッパを着て暑

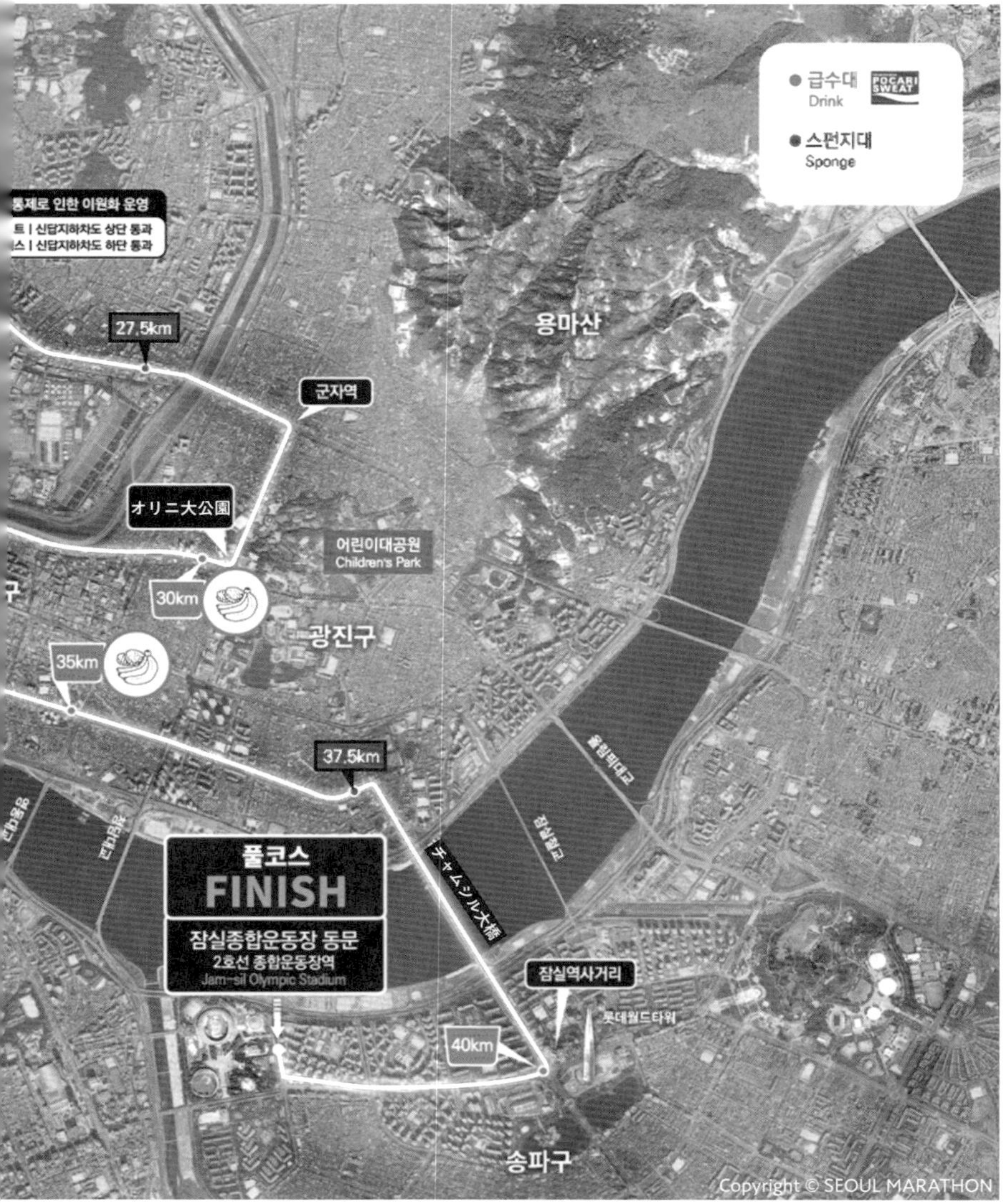
급수대
Drink
스펀지대
Sponge
통제로 인한 이원화 운영
트 | 신답지하차도 상단 통과
스 | 신답지하차도 하단 통과
27.5km
군자역
용마산
オリニ大公園
어린이대공원
Children's Park
30km
광진구
35km
37.5km
올림픽대교
잠실철교
チャムシル大橋
풀코스
FINISH
잠실종합운동장 동문
2호선 종합운동장역
Jam-sil Olympic Stadium
잠실역사거리
롯데월드타워
40km
송파구
Copyright © SEOUL MARATHON

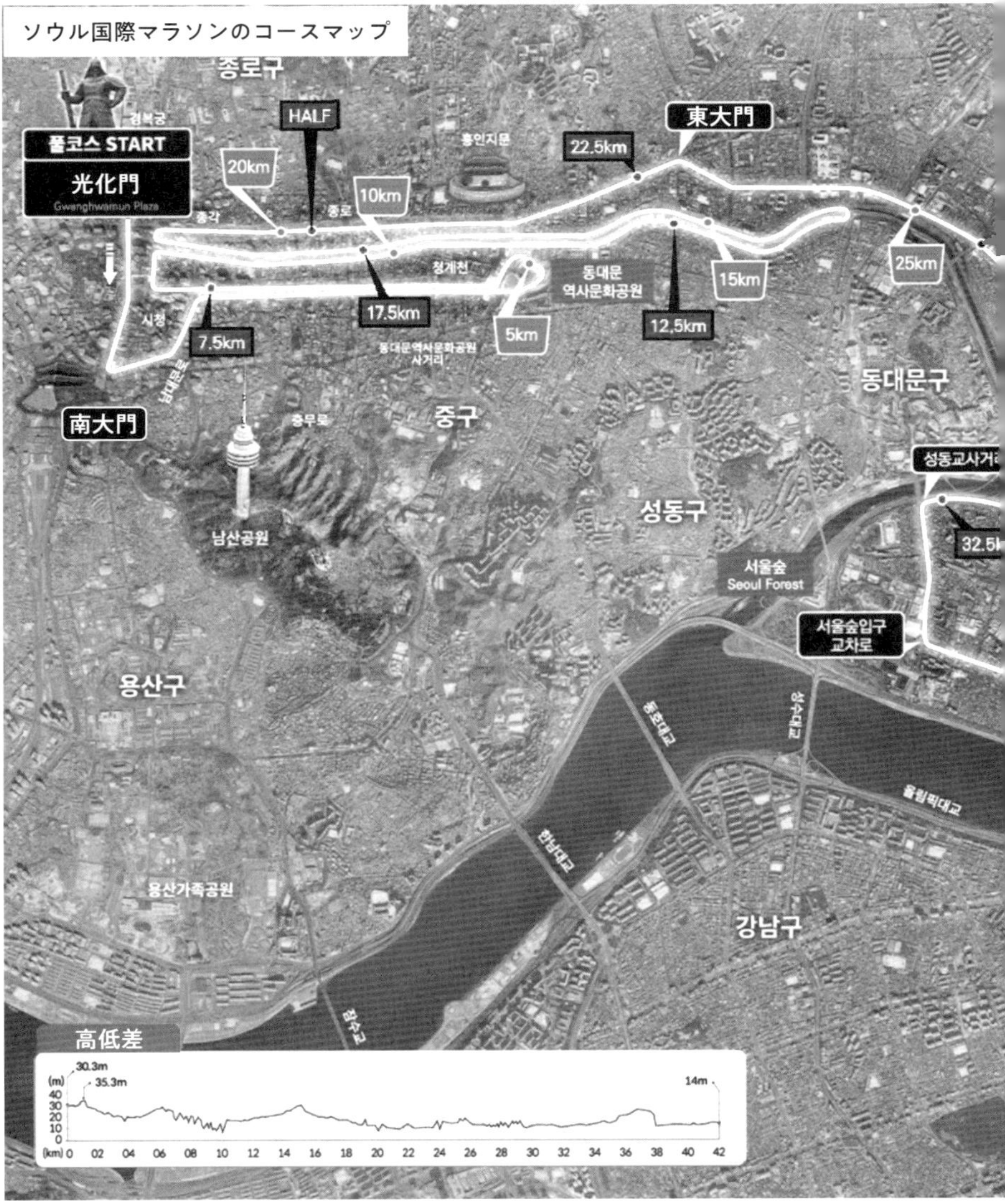
ソウル国際マラソンのコースマップ
종로구
경복궁
풀코스 START
光化門
Gwanghwamun Plaza
HALF
흥인지문
東大門
22.5km
20km
10km
종각
종로
25km
청계천
동대문
역사문화공원
15km
17.5km
12.5km
시청
7.5km
5km
동대문역사문화공원
사거리
동대문구
南大門
충무로
중구
성동교사거리
성동구
남산공원
32.5km
서울숲
Seoul Forest
서울숲입구
교차로
용산구
동호대교
성수대교
올림픽대교
한남대교
용산가족공원
강남구
잠수교
高低差
30.3m
35.3m
14m
(m)
40
30
20
10
0
(km) 0 02 04 06 08 10 12 14 16 18 20 22 24 26 28 30 32 34 36 38 40 42

くなったら脱ぎ捨てる。最初はキロ6分くらいで走り様子をみて徐々にペースアップする。私は1キロごとのラップタイムを計る習慣がある。走っている時は、足を動かしながら沿道で応援してくれている人を見たり、町並みを見たりするだけで暇なので、ラップをチェックするくらいは十分でき、そのラップを見て走るスピードを微調整する。後で記録を見ながら思い出したりする楽しみもある。下が4時間52秒のラップタイムである（時々数字が大きいのは、時計を押し忘れたり標識を見落としたりしたためである）。

まずスタートは8時である。エントリーランナー（プロ）と「名誉の殿堂」といわれるランナーが走る。しかしなかなか号砲が鳴らない。演説する人が多く長々としゃべるため、多分応援しているのだと思うが韓国語でわからない。多分20分くらい遅れでスタートしたと思う。その5分後に我々の所属するAグ

	12'07"	5'24"		10'48"	**57'22"**
5'47"	5'38"		10'18"	5'50"	**55'35"**
5'33"	5'57"	6'02"	5'41"	5'49"	**57'27"**
5'54"	5'36"		12'00"	5'35"	**57'47"**
					12'41"

4h:00'52"

ループがスタートする。グループは、ABCDEと5組あり、それぞれ3千人くらいで5分置きにスタートする。我々外国人はAグループであるが、混み合うこともなく、マイペースでスタートできる。その理由はグループ別の他に道路全幅10車線を使ってスタートするためである。この道路は中央分離帯が低いので、ランナーが走るのに邪魔にならない。この道路は緊急時飛行機が離発着できるようになっているとのこと。

いよいよスタート。1キロあたりのラップタイムは表の通り。

広い道が終わる頃には、ランナーもほどよく分散し、走り難いことはない。観客の方々も思ったより多くいて、ファイチー、ファイチーと声をかけてくれる。所々で民族衣装をきて、太鼓やカネを鳴らして応援してくれている。5キロごとのエイドステーションも50メートルくらいありそうなほど長く、混み合うことはない。逆にのんびり立ち止まって休んでしまうことが2

～10km		11'25"	5'34"	5'50"	6'14"
～20km	5'53"	5'23"	5'28"	5'38"	5'40"
～30km	5'41"				22'44"
～40km	6'20"	5'20"	5'38"	5'30"	5'54"
2.195km					

回くらいあった。30キロ過ぎは、右足の人差し指が靴の先を突くような痛みがでた。少しペースを上げないとと思ったが、体がつんのめるだけで足がついてこない。ゴール後には自分で足に付けた計測チップを外さなければならないが、しゃがむと足がつってしまいしゃがめない。返さないと有料なのでボランティァの人に取ってもらう。レースは終わった。全力を出し切った満足感があり、体の疲労も心地よい。結局52秒の差でサブフォーは達成できなかったが、52秒をレースの中で調整するのは無理がある。ラップタイム設定を少し早めておく必要があったと思う。

その後2010年は12月にホノルルを走り、翌2011年の12月には那覇を走ったが、今いち気が乗らない。仲間からはサブフォー達成でいいのでは、という言葉を多くもらい、私もその気になったが、心の底では、気が晴れていない。いつも通りの練習をやっても、レースに参加しても気力が出なくなった。このあたりが、私の限界でありピークだと思った。52秒には本当に悪い事をしたと思う。

コーチコラム⑤

脈拍数を計ってみよう！

運動中の脈拍数は、ウォーキングスピードやランニングスピードに比例して増加しますが、スタミナのある人とない人では、増加の程度が違います。例えばスタミナのない人は階段を昇るとすぐに息が上がりますが、その時の脈拍数はスタミナのある人に比べると高くなっています。脈拍数は一分間に心臓が拍動する回数ですから、脈拍数が増加すると心臓への負担も多くなり、危険も高くなってきます。現在、皆さんにお伝えしている具体的な脈拍数は、安全でかつスタミナアップを期待できる範囲（皆さんの心臓の能力を100%とした時40%～60%に相当する脈拍数）に設定しています。スタミナがアップすると、より速いスピードでウォーキング・ランニングができるようになりますので、トレーニングをする時はいつも脈拍数を測定するようにして、毎回のトレーニングが自分の体力レベルにあっているか、確認してください。では、脈拍の計り方をおさらいしておきましょう。人差し指と中指を手首の親指のつけ根部分にあてます。15秒間、脈拍を数えて4倍し10をたします。10をたすのは、運動後立ち止まって脈拍を計っている間に、心臓の拍動が少しずつ遅くなるためです。脈拍数は、体調の悪い時や疲れがたまっている時は高くなりますので体調管理にも役立ちます。

停滞期――2012年　70歳～

■マラソンで経験したこと

停滞期に入る前に、私がこの7年間のマラソンで経験したことを色々な角度からまとめてみようと思う。

まずレースであるが、フルマラソンは格別である。全身全霊を使い果たしてゴールすることで達成感が得られ、満足することができる。レースの1カ月前には疲れのピークを持って行き、その後緩めたり、強めたりして疲れを取る。そしてレース当日に最高の仕上がりに持って行く。とはいっても難しい。私は前日、前々日は走らなくてもよいと思う（歳のせいか？）。それから目標タイム、ペース配分を決め走り出す。結果はなかなか思うようにはならないが、何が悪かったか、どうすればよかったか等次回への反省材料にはなる。そして次回またサブフォーを目指す。

コースによってもタイムが違ってくる。アップダウンの大きい、多いコースはタイムが悪くなる。人によってその程度は違うが、坂道練習によってその差を縮小することはできるが私はなかなかできなかった。いつもの練習コースはほぼフラットだし、それでも少なくとも月1回は三瀬のアップダウンを走っているが、それくらいでは苦手意識は解消できない。箱根駅伝の山の神は特異な存在だと思う。

他の短いレース、たとえばハーフ、10キロ、5キロなどはフルマラソンの練習の一環という位置付けだと思うが、ラップタイムを早めに設定することで達成感や満足感が得られ気持ちよく走れる。キロ6分を切るスピードだと歩幅が広くなり、手の振りも大きくなり、肩で風を切り、息は苦しくなるが気持ちよく走れ、「やったー！」という充実感が得られやめられない。くせになる。フルマラソンの練習になるかということになると難しい面があると思うが、設楽祐太《したらゆうた》のように練習が嫌いだからハーフのレースに数多く出るなどという人もいるので、あながちなくはないと思う。フルマラソンは、年に1回か2回くらいでも、短い距離のレースは何回でもいいと思う。走りの楽しさを味わえると思う。

年間を通した練習のことであるが、私は今まで言ってきたように毎回サブフォーを意識したキロ5分40秒を中心とした走りをやってきたが、正直なところつらかった。だから休みの日が多くなり、走行距離が伸びない。また1回あたりの距離も長くてせいぜい20キロくらいまでしか走れない。疲れてしまうからだ。本番ではあとの20キロは気合で走るということになる。

私がこの練習方法でよいと思ったのは、最初はキロ6分前後で入ると後半はキロ5分くらいで走らないといけないことになり常にビルドアップ走をしていることになり、効果が大きいと思ったからだ。

お堀の練習コースを近くの女子高の駅伝チームが10名くらいで走っているのに出会うことがある。キロ4分ほどのペースで黙々と走っている。私は1周1・5キロ程度しかついていけないが、彼女らは10周、15周と走る。しかしレースではもっと速く走るはずである。これでよいのかと思ってしまう。当然もっと速いスピードの練習も別にやっていると思うが、今日はゆっくりスピードでよいと思っているのかもしれない。

またジョギングという練習方法もある。人によってスピードは違うようであるが、ほぼキロ6分強くらいで走る。ただこれでは物足りなくなり、ウィンドスプリントを取り入れたりするようだ。

更にゆっくり走る練習方法がＬＳＤ（ロング・スロー・ディスタンス）である。これも人によって走るスピードが違うようであるが、キロ７分前後が一般的のようだ。

以上のように練習方法はスピードの面からみても色々あるが、私のような年寄りにはビルドアップ１本では無理があるようだ。疲れてしまい、距離が延びないからだ。かといってジョギングやＬＳＤでは、サブフォー達成に不安がある。これらを組み合わせて月間走行距離を２５０〜３００キロにすればよかったと今は反省している。

＊コーチコメント　月間走行距離150キロで効率の良いトレーニングができたことは事実である。距離を伸ばせば故障をする可能性が高くなる。スピードを上げると筋疲労も長引く。ボディケアが行き届かない場合は、長期間の故障状態に陥ってしまうこともよくあることだ。サブフォーは達成できなかったが、4時間00分52秒の記録は誇れる立派な記録だ。

また足腰の故障による練習休みも何回かあった。左かかとや右膝の故障、坐骨神経痛などともあり、これらは整形外科で治療するとともに有効なストレッチ法を聞き、実践することで早めに練習を再開した。しかし故障すると同じ個所を繰り返し故障することも多い。無理せず早めに治療すること、また練習後のストレッチをしっかりやることが故障を長引かせないために大事なことだと思う。

左手小指の骨折とか帯状疱疹で走れない期間もあった。

■補助器具のこと

走っていて感じるのは、足が疲労してくることと、呼吸が苦しくなることである。このふたつを鍛えれば、さらに良いタイムが期待できる。

瀬古利彦《せことしひこ》選手が下駄に鉄板を打ちつけて歩き、足を鍛えたという記事を読んだことがある。私は当時安全長靴を持っていた。これも靴底に鉄板が入っており結構重い。何回使ったかは覚えていないが、1年半くらいで踵がすり切れてしまった。ヒラメ筋やハムストリングなどに疲労感が残るということは有効と思える。

パワーブリーズという器具がある。パイプ状になっていて中に空気抵抗を変化させる抵抗部がある。パイプの先端にマウスピースがついていて、ここに口をつけて20～30回呼吸する。空気抵抗を強くし呼吸筋に負荷をかけることで、呼吸筋が強化され、運動または活動中の息切れが緩和されるという理屈である。

またウォーキングの時によく使われるウエイトの活用である。両の手のひらに巻き付け走るだけである。速く走るほど体幹に注意し、胸を張って腕をしっかり振らないとうまく走れない。フォームがよくなっているように思える。

以上三つの方法は理屈からみても効果があると思うが、数値として表すのができにくいところに欠点がある。しかしできそうなものから取り入れてみるのもよいと思う。単調な練習のアクセントにもなる。

■停滞期のはじまり

私の停滞期の始まりは２０１２（平成24）年からと言える。

この年は12月の〈アオタイ〉（青島太平洋マラソン）を目標に練習した。夏の盛りを過ぎた9月、10月は月間１７５キロ、１７７キロと私にしては多い練習量であった。もちろんレースペースのキロ5分40秒はキープした。11月1日、東与賀公園までの往復24キロをレースペースで走る予定を立てた。12キロを1時間9分34秒で折り返したその時、左ハムストリングがビシッと音を立て激痛が走った。しまったと思いながらしゃがんで様子をみたが、痛みはすぐ消えた。帰りは歩きに時々ジョグをいれて様子をみたが、ジョグのスピードをちょっと上げると痛い。歩きながら原因を考えてみた。

まず西風が強く、体がふらつかないように体を緊張させていたこと、この2カ月は練習量を増やしたため足に疲労がたまっていたこと、当日は調子がよく、レースペースで気持ちよく走ってしまい、油断があったことがあげられる。

整骨院で治療してもらったが、湿布と軽い歩きで様子をみるしかないということだった。コーチにも聞いたが、バイクトレーニングを勧められた。ハムストリングにあまり負荷をかけずに足を鍛えるのによいとのことである。トレーニングジムはその雰囲気があまり好きではないが、バイクはスピードはもちろんのことペダルの負荷も変えられるし、心拍数、歩数、走行距離、消費カロリーが表示される優れものであり追い込むと苦しいが、楽しい。何回かトライしたが、ハムストリングの痛みもない。あいだあいだで走ってみたが、ハムストリングの痛みはだいぶ改善しているように思われる。しかしコーチからは今回の〈アオタイ〉は、10キロでリタイアするように言われた。ハムストリングの故障はくせになりやすいので、ここは我慢してしっかり治した方がよいとのことで、私もまだまだ走りたいので従うことにした。

＊コーチコメント　バイクトレーニングは、故障した個所を休ませ、心肺持久力は可能な限り維持するための代替トレーニングである。

12月9日の〈アオタイ〉は、最後列からスタートした。キロ7分30秒くらいのペースだがごった返している。2キロくらいまではこのペースだったが、少しずつペースを上げ8キロからはキロ5分40秒までペースを上げた。ハムストリングは大丈夫でまだ走りたかったが今日は10キロで終わることにした。リタイア用大型バスにはトップで乗り込んだ。しかしこれからが大変。このバスは、途中途中の関門を時間内に走りきれなかった人を乗せるので止まったりノロノロ動いたりゴール近くまで6時間以上乗っていなければならなかった。

■体調不良の兆し

２０１３（平成25）年は暑い盛りの7月から体調不良が始まった。

走り出すと左肩甲骨のあたりの１カ所に痛痒いような痛みが発生する。しかし少し走ると納まり痛みはなくなる。あとは通常通り走ることができる。その後も走るたびに同じように痛み、その時間がだんだん長くなった。整形外科に行ったがよくわからず、背中が凝っているからと思い整骨院でマッサージを受けるが治らない。そのうち痛みは肩から胸の方まで広がり、走っているあいだじゅう痛みは収まらなくなった。

そこで12月14日、スポーツ診療が得意といわれる整形外科に行った。レントゲンで調べてもらったが、首を傾げている。しかし最後に血管内に薄い影が見える、内科の病院に紹介状を書くという。私は驚いた。内科は私がいつも通院している所である。私は内科が原因している問題とは思っていなかったので、先生には何も相談していなかった。翌年1月7日内科に行く。先生は紹介状を見て循環器内科に行くようにと総合病院を紹介してくれた。なるほど内科には消化器系と循環器系があることがわかった。しかしなぜ直接循環器系に紹介しなかったのかは疑問である。

■入院、そして手術

明けて２０１４年１月20日検査の結果、冠動脈にプラークがあるとのことである。プラークとはコレステロールの塊で、血管内に何カ所か付着しており、このプラークが血液の流れを阻害して起こる現象とのことである。とりあえずこのプラークのひとつにステントを入れ血管を広げることで様子をみようということになった。

１月24日手術。右手首の動脈からホースを入れ冠動脈まで通し、カテーテルを注入し、目標のプラークにステントを留置した。約１時間の所要であった。

次の日は歩行ＯＫ。病院の７階から１階まで２回上り下りしたが心臓特に異常なし。翌日退院予定であったが、日曜日であったため１日延びる。その後１カ月は走っていない。医者から止められたかは忘れたが、それ以外の行動はした。

三日と開けずにウォーキング１万から１万５千歩、義母の３回忌で静岡に、その足で川崎の娘の家に行き孫に会い、その間もウォーキングは続けた。１カ月後の定期診断も異常なし。ランニングの許可も出る。

■ランニング再開

3月10日、多布施ルートをジョグ&ウォーク。

15日、チームのメンバーと三瀬で練習。私だけジョグ&ウォーク。

更に18日、22日とジョグ&ウォーク。

24日よりラン開始、10キロ。キロ7分30秒ペース。

27日13キロ7分までペースアップしたが背中、肩、胸の痛みまったくなし。

しかし昨夏エントリーしてあった4月6日の〈さが桜マラソン〉は練習不足でもあり、走らずゼッケンを返上した。

そしてもうひとつ気づいたのは呼吸が楽になったことである。実は肩甲骨が痛くなり始めた2013年7月ごろから走ると呼吸も苦しかったのである。

その頃は、暑くなってきたからで夏場を過ぎれば治るだろうと思っていたが、徐々に苦しくなり、翌2014年1月12日の〈壱岐の島新春マラソン〉にエントリーしていたがこの日はえらく寒く、歩くだけでも息が苦しく棄権した。危うく狭心症になりかけたようだ。だから今回の手術はぎりぎりセーフとのことである。

コーチコラム⑥

運動前は水分補給をしよう!

のどが渇いてから水分を補給するのは遅すぎる、と言われています。これからの暑い時期、熱中症をおこす危険性が高くなってきますので、運動前は必ず水分補給をしてください。電解質が入ったイオン飲料、とりわけアミノバリューなどのスポーツドリンクは、カラダへの吸収を早め効率的な水分補給ができます。運動の30〜60分前に300ml〜500mlの摂取を心がけ、運動中は体調にあわせて15〜20分ごとに20ml前後の摂取をしましょう。この数量はあくまでも目安ですが、少量ずつこまめな摂取を心がけるとよいでしょう。また、その他の利点として、運動中や運動直後のアミノ酸(タンパク)摂取は、活動筋のタンパク分解を抑制し、タンパク合成を促すことがわかってきました。つまり、運動による筋肉のダメージを抑え、よりスタミナのある筋肉、より強い筋肉をつくるシステムが動き出すことになります。同じ運動をしても摂取する成分やその量によってトレーニング効果の表れ方に違いが出てきますので、ただ単にトレーニングを行うだけでなく、その後の栄養をしっかり考えてとることが賢いトレーニングと言えるでしょう。

■狭心症と糖尿病

入院していただいた資料の中に〝狭心症ってどんな病気?〟というものがあった。これによると、「コレステロールや血栓によって血管が狭くなり、一時的に心臓の筋肉に送られる酸素と栄養が少なくなるために、主に胸、あご、左肩、左胸に痛みや圧迫を感じたり、息苦しさを生じる病気です。症状は人によって様々です」とのことである。

私は実は肩甲骨が痛み出した時、心臓のトラブルかと思ったが肩とか胸に移るだけで心臓そのものの痛みはなかったので筋肉トラブルと思ってしまった。無知であったが、整骨院や整形外科の先生には知っておいていただきたい知識だと思った。

この病気を境に、モチベーションがだいぶ下がった気がする。コレステロール値が高い、血糖値が高いと指摘され、マラソンを主体とした運動を数年間してきたが、コレステロールの塊であるプラークが冠動脈に付着している画面を見せられると愕然とする。以前のプラークの状態はわからないが、運動しているわけであるから、拡大しているとは思わないし、縮小の途中段階と考えたい。しかし狭心症が発生しないレベルまでプラークを縮小させるのは容易なことではないということでもある。

ただし次の定期検診は1年後ということで進行は遅いと思われ、異常と思われる現象も経験したことから対応できそうである。血糖値についても同じようなことが言える。これは現役時代からであり、いまだに医者に通い続けているが糖尿病予備軍の状態から脱し切れていない。2カ月に1度の血液検査で一喜一憂しているが、糖尿病らしい症状は出ていない。長い付き合いになりそうである。

＊コーチコメント　毎年の検診で状態を確認しながら運動を続けることをお勧めします。
毎回、100点を目指すと気疲れしてしまいます。及第点をコツコツと継続してつなぎ、楽しみながらジョグ＆ウォークをしましょう。

■モチベーションが上がらない

退院後、心臓の様子をみるつもりでウォーキングから始めた。

2月は13回、15万8099歩。1回約1万2000歩。

3月は5回、5万4670歩。1回約1万1000歩。後半はジョグ＆ウォーク6

回、62キロ。

4月はジョグ7回、60キロ。ジョグスピードをなるべく速めようとしたがキロ6分30秒止まり。

どうしたんだろうと思った。

心臓が元通りになったのだから、もとのランニングスピードが得られるはずだと思ったが、そうならない。試しにウィンドスプリントをやってみたが、今までのように速く走れない。足が重いというか、気持ちについてきてくれない。その後もランニングは続けているが、恥ずかしながら、週1、2回、20から50キロをキロ6分半から7分半で走るペースになってしまった。そのうち以前の走りにと思ったが、まったくモチベーションが上がってこない。

そこで思い切ってレースに出てみようと思った。しかもフルマラソンにである。フルマラソンは、ハーフとか10キロに比べゆっくり走れるし、苦しければ棄権すればいいと思った。それが冒頭の2015年〈アオタイ〉（青島太平洋マラソン）である。サブフォーなんぞはとうに諦め、キロ7分、完走タイム5時間を目標にした。残念ながら

10分ほどオーバーしてしまったが実は今まで10数回のレースはすべて4時間台であり、悔しくもあった。

■2016年、富士山マラソン

それから2年間、年1度ずつフルマラソンを走ったがいずれも失敗した。

まず2016（平成28）年11月は〈富士山マラソン〉である。

1週間前に田舎（静岡県富士市）に帰り、私の所有している土地の草刈りをした。従弟夫婦に手伝ってもらい、女房と4人で昼休みをはさみ4時間である。刈った草を並べておけば来春の草の伸びを遅くすることができると思った。しかし従弟から異議が出た。昨年枯れ草に火をつけるいたずらが何件か発生したとのことである。そこでかたづけることにした。軽トラを借りてきて、適当な大きさに草を束ねて乗せ、車で30分の市の焼却場に運び、コンベアーに乗せるという作業を3回繰り返した。慣れない作業でへとへとである。これがマラソンレースの2日前であった。

翌日案の定足腰背中など体全体が痛い。ストレッチもできない。やむを得ずマッサージに行く。前日にマッサージをするのは良くないと聞いていたが、やむを得ない。当日小雨がやんだが冷え込む中、ウォームアップもほどほどにスタートした。私は最後尾の方からゆっくり走り出した。しかしおかしい、いつもと足の動きが違う。走れないのである。一生懸命走ろうとするが、息が切れるだけで、すぐに疲れて足が止まってしまう。焦らずに行こう、そのうち調子が出てくるだろうと思ったが、10分後スタートの10キロレースの連中が近づいて吸収されてしまった。まあこれもやむを得ない、最後尾からのスタートだったし、10キロレースの方がスピードが速いのだからと思い、我慢我慢である。8キロくらい走ると10キロレースに出ていた女房にも追いつかれてしまう。私も10キロでやめようかなと思ったが、もう少し走ることにした。

実は河口湖から西湖へは100メートルくらいを駆け上る急坂がありこれが富士山マラソンの売りでもあるらしい。しかし今日の私では関係ない。もうすでにノロノロと足も動かずに走っているわけだから。

西湖を走っている途中で30キロの関門にかかってしまった。正直ほっとした。私は関門にかかるのは初めてであるが、マラソンには制限時間があり、それより遅いと思われるランナーは途中でも止められてしまうわけである。交通を遮断しボランティアも参加しているので当然の処置だと思う。この点〈ホノルルマラソン〉は時間無制限を売りにしているので初めてマラソンを走る人に人気がある。

30キロ関門はにぎわっている。大型バスが5台止まっていてランナーで満杯になるとマラソンコースとは別ルートでゴールまで送ってくれる。だからまだ走ってくる人を応援することができる。

私は従弟夫婦と女房と落ち合い、早々に引き上げる。途中のとんかつ屋でビールを飲みながら言い訳と反省をする。

翌年もフルマラソンに参加したかったが最近は各マラソン大会参加者が多くすぐ満杯になり、なかなかエントリーできない。やっと翌々年の〈さが桜マラソン〉にエントリーできた。

■2018年、さが桜マラソン

2018（平成30）年3月18日日曜日である。気温10度、晴、桜のつぼみは精一杯膨らんでいる。翌々日が開花宣言となった。

私は最も遅いDグループからスタートした。5キロを37分。ちょっと、速すぎる。息も苦しい。徐々にペースダウン。8キロでトラブル。頭がふらつき倒れそうになる。慌てて端に避けしゃがむ。どうしたんだろうと思っているとすぐにセキュリティーポリス2名が来る。どうしたんですかと聞かれ説明すると、少し歩いて様子をみましょうということになった。すでにふらつきは治っている。水やスポーツドリンクを飲ませてくれたりして、これからどうしましょうということになった。迷ったが、あと5倍の距離を走るんですよといわれて諦めた。ここから10キロのゴールに向かえばいいとのこと。ランナーズチップを外しトボトボと歩いてゴールした。

9キロくらいの所でまた女房に追いつかれた。言い訳は後でした。自宅まで約4キロを自転車で帰った。ふらつくようなことはなく正常と思える。ふらつきの原因がわからない。どういう種類の病院に行ったらいいかもわからない。ここはしばし気持ちを落ち着けて、その場面を思い出してみようとしたが、瞬間的なふらつきで後の症状は現れていない。思いあぐねて首をねじった時に気がついた。痛くて首が曲がらないのである。首を左右にねじっても、傾けてもほんの少しで首が痛い。肩こりの時よりかなり痛い。これはマッサージより整形外科かもしれないと思い、病院に行った。レントゲンを撮ってもらった結果、第2、第3脊柱がずれているとのことである。首の脊柱管狭窄症とのこと。老化現象と思い愕然とした。

■脊柱管狭窄症

走ることで、背骨とその周りの筋肉が鍛えられ、このようなことは起きないと思っていたが。治り具合によって、これから走れるかどうかということになってしまう。治療法はストレッチだけのようだ。肩や背中の筋肉を緩めあとは首を強引に曲げるとのこと。不安になりネットで調べてみたが、最も強引な治療法である。うつぶせに寝て握りこぶしの上にあごを乗せ顔が床と平行になるようにお辞儀をし下を向いたまま首を左右に動かす。往復30回（約1分）。同じ姿勢で左右に倒したり、前後に動かす。というようにかなり強引な方法であるが、最初はゆっくりと、徐々に速めていくと何とかできる。首の痛いのを我慢してやると骨のずれが修正できるような感じがする。

毎日1回寝床でやり、約1カ月でほぼ治った感じがするが、その後も時々、肩が凝り首が痛くなった時にやってやるとよい。

しかしなぜこんなことになってしまったのだろう。体の中心である背骨は日頃の運動で最も鍛えられていると思っていた。愕然とした。老化現象が始まったか？ 人には言えないと悩んでいたが、以前我々のランニングクラブのコーチをしていただいた大学の教授でもある先生に、偶然お会いした時に聞いてみた。そうしたら実は私も最近やった、ということである。次の桜マラソンを走ろうかどうしようか考えているとのこと。この先生はウルトラマラソン大好きで年間総行距離も私より圧倒的に多い。この先生でも脊柱管狭窄症になったのかと思うと安心できる。更に最近学生にもなった者がいるとのことである。そいつ等は多分スマホゲームのやり過ぎだろうと言っていたが我々の原因は何であろうか？ よくわからない。

その後の情報によると先生はマラソンを走ったらしい。無事完走とのこと。多分私も大丈夫だと思うが、2回続けてのリタイアなので意気消沈して走る気にならない。

後退期——２０１８年　76歳〜

■忍び寄る老化現象

連続2回のフルマラソンの失敗によりモチベーションはさらに下がる。ほとんど走る気がしなくなってしまった。

足を鍛え、心肺機能を高めて速く走ることばかりを考えていたが、その間にひそかに老化現象が忍び寄っていたのだ。気がつかなかったが、冒頭に紹介した73歳の時のレースでその兆候があったのだ。私はとくにフルマラソンの時は、ゴールすると2、30分倒れて起き上がれなくなるのが普通であるが、この時も必死に走ってゴールしたつもりであるが、倒れることはなかった。なぜだろう？　そういえば酒の席でも同じようなことがある。若い時は飲み過ぎて二日酔いになり、よくソルマックのお世話になっていた。最近もランニングクラブの若い連中と大酒を飲むことがあり、これは二日酔いになるだろうと覚悟するが、翌朝は意外にすっきりしていて、朝飯もうまい。これは、酒が強くなったのではなく、そんなに飲まなくても酔っぱらってしまっているということであろう。多分老化現象である。

それからは練習スピードも遅くなり、タイムを計るのもやめてしまった。そして歩くことが多くなった。走るのはせいぜい月2、3回しかもキロ7分半前後である。距離は最初の頃は頑張って20キロくらい走ったが徐々に短くなり5キロくらいになってしまった。走っていて爽快感がない。肩で風切るような気持ちよさがない。なんとか早く走ろうとしてもすぐに疲れてしまう。汗もあまりかかないし、これでは歩いても同じである。歩くだけなら、汗もあまりかかないのでランシャツに着替えることもないし、気軽にできる。

結果的に2018年(76歳)は、月5回から3回、2019年は3回から1回へ、これとは別にランニングクラブで実施している月1回の練習には必ず参加している。この練習でみんなに迷惑をかけたくないので事前に1度は走っておこうと思っているわけであるが、２０２０年になると、それもやめてしまった。もうみんなのスピードについていけない。しかし迷惑をかけないですんでいる。というのは、ランニングコースがうまくできているからである。たとえば１周１・５キロの周回コースを何周か走っても最大１周分しか離れないし、時間的には短い。１周10キロのコースを走る時にはショートカット・コースを２、３カ所作っておき遅い人はそちらを選択する。また折り返しコースでは先頭が戻ってきたら一緒に折り返す。要するに練習を距離で決めるのではなく、時間で決めるという方法である。これだと故障などトラブルが発生しても発見が早いし、遅くても気楽に走れるわけである。

■喜寿を迎えて

２０１９（令和元）年８月、私は喜寿を迎えた。娘の家族からハワイへのご招待を受けた。５回目のハワイである。私の夫婦と娘夫婦と子ども３人、計７名で乗り込んだ。ワイキキで泳ぎ、孫１人と女房と３人でダイヤモンドヘッドに登ったり、走りはしなかったが昔の元気が少し戻ってきたような気がした。しかし帰国すると、時差が戻るように体の元気さも戻ってしまった。

２０２０（令和２）年になると体の老化はさらに進んだように思える。新型コロナウイルスが流行し、外出が恐れられていたが、一人で走る分には大丈夫と言われ走ったが息が苦しく、すぐ歩いてしまう。おさまるとまた走る。いわゆるジョグ＆ウォークになってしまう。いくら頑張っても３分くらいしか走れない。

実はウォーキングにも異変があった。今までウォーキングはランニングの練習にはならず、ランニングの疲れた時の気分転換くらいにしか思っていなかった。確かに汗もかかないし、体重も減らない。鍛え抜いた足の筋肉をもってすれば、歩くくらいは平気であると思っていたが、４月のまだうすら寒い日に歩いたら胸と背中と脇にうっすら汗をかいているではないか‼　体重も０・５キロくらい減っている。どういうことか？　足の太さは見た目には変わらないように思えるが、質が劣化したか？　そのため走れなくなり、歩くにも足以外の筋肉も使わなければならず、その必死さが汗になったと思われる。筋肉の老化であろうか？

これからの私はどうなるのだろうか？　走りは無理だろうし、歩きも支障をきたすようになるかもしれない。開き直って受け入れる覚悟が必要になってくる。

■夫婦でマラソン

私は女房と一緒にマラソンをやっている。多分微笑ましく、うらやましいと思っている方もおられると思うが、まったく当たらない。というのは、走るスピードが違うからである。私はサブフォーを目指して練習をしているが、女房はそれほどでない。だから肩を並べて走るわけにはいかない。たまに一緒に走っても速すぎる、遅すぎると喧嘩になるだけである。レースでもスタート位置が違うしゴールタイムも違う（ゴール位置で待っていてやるくらいはするが）。

ランニングクラブで練習する時は、同じくらいのレベルのメンバーと走ればよい。ただし練習に行ったり、レース会場に行ったりする時は一緒である。これが夫婦でマラソンのよいところである。一人で出かけると残された方はイラつき夫婦喧嘩のもとになりやすいが、それがない。煩わしくはあるが、仲間がいれば何のことはない。二人だけでレースに参加したこともあるが、きずなが深まったような感じになり、よいもんである。総合的には肩を並べて走らなくても、ライバルではないし、趣味が一緒ということでよいことだと思う。

もうひとつは我が家での飲み会である。夫婦の二人住まいで二人ともマラソンが趣味とならば、クラブの連中は我が家に来やすい。我々夫婦もそういうのは大歓迎である。年に1～2度は10数名の大宴会、また気の合った数名でいくつかのグループが押し寄せる。女房は大変である。そのうちに飲み物と料理1品持ち寄りのルールができた。中でも独身男性4人組はよく来た。一人で、二人で、四人で時には酔いつぶれて翌朝帰ることもある。私は飲むだけであるが、缶ビール3から4本、それから酒と、私もほぼ対等に飲んだ。よく付き合ったもんだと思う。

しかしいつの間にか飲み会は縮小してしまった。なぜだろうと今から考えてみると、その原因のひとつは2007年に始まった東京マラソンと思われる。それまでにもマラソン人口は少しずつ増えていたが、この人気で爆発的に増加したことがある。

今まではどのレースに出るか、宿泊はどこにするかとかみんなで相談し団体申し込みができたので飲み会が盛り上がった。しかし東京マラソン以降、個人個人がネットで申し込み、抽選で当落が決まる。宿泊所も自分で見つけなければならない。全国ネットでの募集が多いので我々のグループで当たるのはせいぜい一人か二人である。だから必然的に一人で移動し、エントリー手続きを済ませホテルに泊まって夕食も一人寂しく食べ、早々に寝て翌日に備える。朝の寝坊も怖いし、慣れないと会場に行くのも一苦労である。走り終わって帰るのも一人。寂しいがこれを苦にしない人が多いから大会が成立するのだろう、できたらスタート前とゴール後は仲間と励まし喜びあいたいと思う。

東京マラソン方式はその後各地に広がり、そのすべてがネット申し込み、抽選となりで、申し込んでもどの大会に当たるかなかなかわからないので落着かない。もう少し応募方法を工夫して欲しい。

少しわき道にそれてしまったが、要するにマラソンを走っている時は孤独であり、自分で自分を励ますしかないわけであり、走る前後くらいは仲間と一緒にいたいと思う。

■これから

老化はひそかに予告なしに襲ってくる。待ち構える我々は、どのように対処すればよいのかわからない。開き直って待ち構えるしかない。それはそれとして、できることはある。健康を保つことである。

幸いにして、我々はマラソンをやったことで、体には自信ができている。狭心症になったが、冠動脈にステントを1本入れたことであとは1年に1度の定期検診でよい。定年前からの糖尿病は、完全には治っていないが、2カ月に1度の通院でよく、走っている時の足腰の怪我もその都度、整形外科、整骨院で徹底的に治したし、今のところ身体的に問題はない。これからはウォーキングを主体にして時々ジョグを交えた運動で様子をみたいと思う。決して無理をしないようにしたい。

印象に残るマラソン大会

私も今までに多くのマラソンレースに出たが、その中で楽しく印象に残るマラソン大会を紹介したい。私は九州に住んでいるので、その近場の大会が多くなるが、最近うかつにも気づいたのは、地方の大会にも全国各県の人たちが参加していることである。マラソン大会を旅行の一部として考えれば、色々な所を観光してそのひとつでマラソンを走れば色々な所を旅行できると思う。多少の疲れは日頃のマラソン練習で十分カバーできる。多くの大会に遠来賞というのがあり、遠くの人は歓迎される。そういえば、九州の大会にも全国各県の人が参加しており、私のように夫婦で走っている人は、最高の楽しみになると思う。私は気づくのが遅すぎた。

■壱岐の島新春マラソン大会

私の一番のおすすめは〈壱岐の島新春マラソン大会〉である。確か唐津男の紹介である。7年間連続で参加した。最初の頃は、唐津市呼子港からフェリーで1時間20分所要で移動していた。しかし船が小さく、よく欠航する。1日5便あるが、呼子は波があまりなくても壱岐の状況がわからなくイライラすることが多かった。1度は最終便（17時30分発）も欠航になり、12名全員で相談したことがあった。呼子でやりイカを食べて帰るか、博多港から大型フェリー（欠航していないとの情報）で行くか？ である。結局5名が車1台で博多港に向かった。私も入っている。博多発の最終便20時35分（壱岐には22時55分着）でありだいぶ遅くなる。夕飯の鯛の生き造りは諦めざるを得ないだろう。博多港で夕飯を食べる。

翌日の大会会場は、子どもから老人までの色々な年代層の人、人、人でごった返している。地域のお祭りに参加しているようだ。おむすびや豚汁の準備も滞りなく完成に近づいている。そこで集合の合図がかかると緊張感が高まる。

まずはハーフがスタート。参加者が一番多い。

第24回壱岐の島新春マラソン大会　コース図

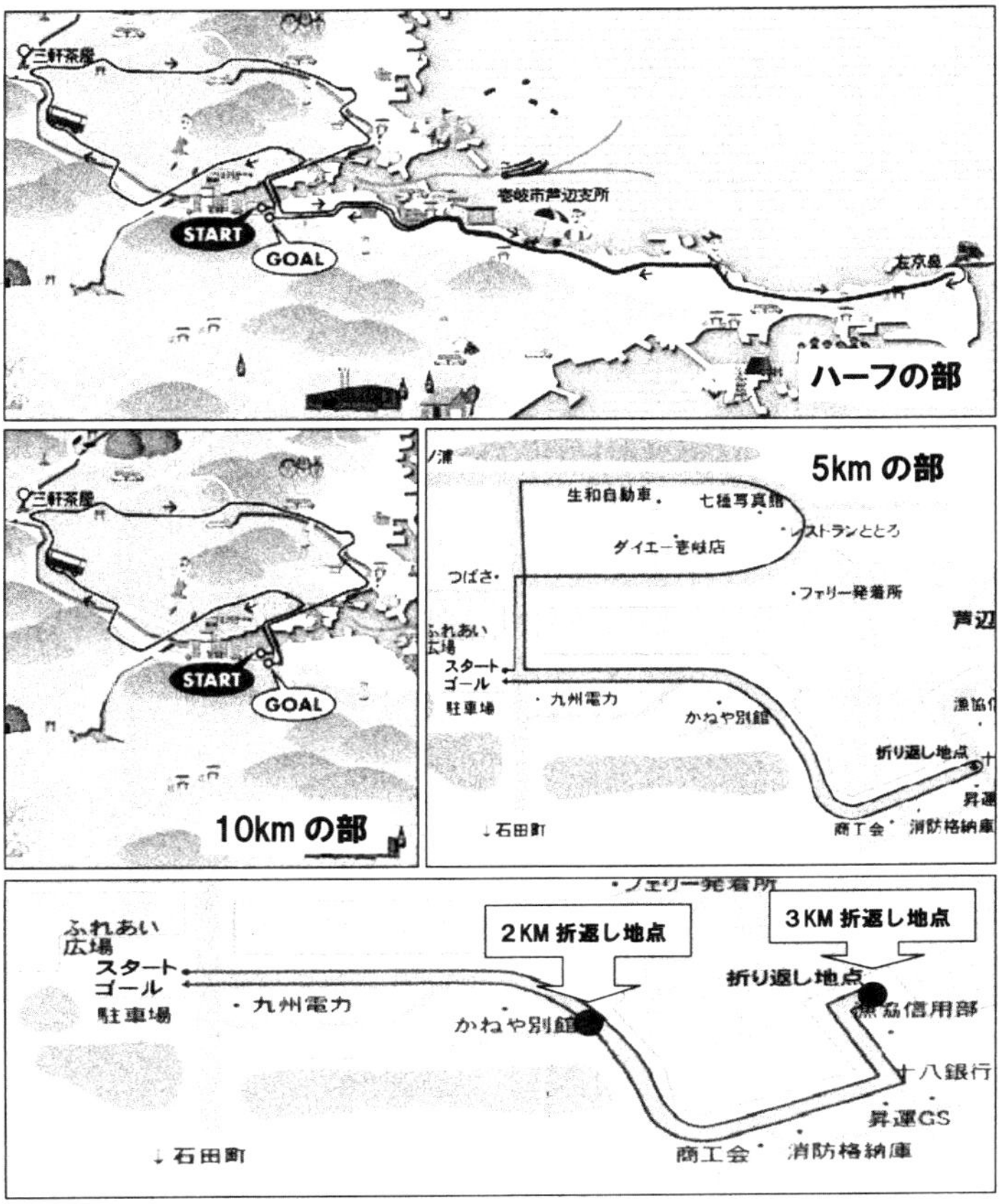

次が中学生の3キロ、小学6年生の2キロ、次が小学5年生の2キロ、最後に一般の5キロがスタートする。ゴールが重ならないよう配慮してある。最後にゴールしてくるのは、距離の最も長いハーフの人たちである。小中学生をはじめ多くの人たちの拍手の中に迎えられる。走った人のガッツと応援する人のリスペクトが混じり合い最高の雰囲気となる。とくに小中学生の応援は気持ちよい。

第1回目の参加は2007年1月14日である。私は64歳。クラブからの参加者は6名。唐津男の夫婦、サブフォー娘の2名、そして我々夫婦である。波も穏やか。正月明けであり、みんな5キロに参加した。ここでとんでもないことが起こった。スレンダーなサブフォー娘がゴール後のくじ引きで〈千歳JAL国際マラソン〉ご招待券が当たったのだ。もちろん交通費、宿泊費などすべて無料である。6月3日北海道である。つきにあやかろうと、我々も自費であるが同行することにした。

■千歳JAL国際マラソン

北海道が初めての人、私どもの夫婦のように久しぶりに札幌の友人に会いたい人とプラス2名が加わり6月2日の日航機に乗り込んだ。前夜祭には我々も参加でき、カニ、ウニ、いくら、ツブ、ホッケなどの北海道を久しぶりに堪能できた。

次の日マラソン当日は曇時々晴。札幌の友人は昨日の空港にも来てくれたが、今日のマラソン会場にも顔を出してくれた。どんな雰囲気なのか見てみたかったとのことでその時は二、三の言葉を交わしただけで別れた。話は明日のサッポロビール園でできると思った。張り切っているのかサブフォー娘2名とプラスのうちの1名(男子)がフルに参加、我々夫婦とプラス1名の女子は次の日の予定を考えハーフに参加した。ほかに10キロ、3キロ、ファミリーなどの種目があった。唐津男夫婦は別の予定があったらしく走らなかった。

私の走ったハーフは木の生い茂った林道コースで気持ちよかったが、舗装してない個所もあったため水道ができていたり、石ころがあったりして少し走りにくかった。私の記録は1時間50分20秒であった。両足のハムストリング痛で後半スピードが上がらないなどと

2006年さが桜マラソンを走る唐津男

メモしてある。道の悪かったことを言いたかったと思うが、今にして思えばまあまあの記録である。

女房の記録は忘れたが、ゴール寸前でつまずいて転んだのを見ている。かなり疲れたのだと思う。フルを走った三人は当日の内に佐賀に帰った。仕事があるとのこと。ご苦労さんである。また大会ガイドを見ると、フル、ハーフの完走者の中から、〈ホノルルマラソン〉ご招待2名とある。ここで当たったらと一瞬頭をよぎる。このような景品を用意できることが、大会の熱意としてマラソンブームを沸き立たせている一因なのだろう。

次の日は唐津夫婦とプラス1名の女子と我々夫婦の5名で北海道旅行である。

レンタカーで一泊の予定なので、多くは廻れない、礼文島1泊とした。私は以前来たことがあるが、皆は高原の高山植物散策、隣りにそびえる利尻島の残雪、朝獲りのウニや、ホッケ、タラバガニなどに十分満足したと思う。ウニはバフンウニというこのあたりの特産である。朝のサイレンで港に係留してある漁船が一斉に出港し次のサイレンで戻ることで獲りすぎを防止し、資源保護をしているとのこと。

翌日は船で稚内に戻り、宗谷岬を見学、留萌経由で札幌に向かう。途中に直列に並び、そびえ立つ50基の風力発電の鉄塔のダイナミックな景色はさすが北海道という感じであった。夕方6時30分、私の友人二人と奥さまとサッポロビール園で待ち合わせた。友人が部屋を予約してあったので顔合わせ。紹介は済んだが、共通の話題がない。友人はマラソンをやっていない。色々話しているうちに、北海道と九州の自慢話、比較話となり結構盛り上がった。実は私は札幌の友人と話をしたかったが、次の機会とせざるを得ない。そんな機会が来るのだろうかと不安になったが、2年後、彼は胃がんで亡くなったと奥さまからハガキが届いた。70歳になろうとする年齢は物事を先送りせず、早め早めに処置するようにすべきだと思った。

■7年連続で壱岐の島へ

〈壱岐マラソン〉には先にも書いたとおり、7年間連続して参加した。チーム内での人気も高く、毎年10名を超える人が参加した。そして幸運にも4年連続で誰かが北海道の〈千歳マラソン〉の当たりくじを引き当てた。完走後のくじ引きで当たるわけだが、数千人の中から男女１名しか選ばれないのだから極めて幸運といえる。ほかにも商品が当たる。最近運が極めて悪い私でもサザエが20個くらい入った段ボールケースをもらったことがある。

私は５キロを走ることが多かった。正月明けで練習不足が理由であるが60代以上は走る人が少ないためか５位とか４位でも表彰台に上がり賞状がもらえるのである。70代以上も表彰があり、２０１４年はさらなる上位入賞を狙ったが寒さで心臓の調子が悪く、出場を断念した。前年の夏から始まった冠動脈の詰まりによる痛みが進行していると思われ１月24日

メンバーのひとりが千歳JAL国際マラソンの招待券をゲット

の手術に至ったわけである。その後は壱岐には行っていない。

壱岐にみんなが行くようになったのは、必ずしも商品を当て込んだだけではない。会場の雰囲気が良い、島民が心を合わせて、自分の役割分担を一生懸命こなしている姿が気持ちよく我々の心を打つ。またスーパーマーケットには走っている写真がたくさん貼り出してある。腕前の良い人たちが色々な所で撮っている。自分の写っている写真は、はがして持って行ってもよいことになっている。私はキャビネ版を2枚ゲットして、額に入れ、家の壁に飾ってある。気づいたと思うが、

2009年の表彰式　60代で6位に入賞

今年の写真は翌年も行かないと、もらえない仕組みになっている。油断ならない仕組みである。

私のタイムを年度別に並べてみる。何がわかるか？

〈5キロ〉

2007年1月14日（64歳）24分51秒
2008年1月13日（65歳）25分17秒
2009年1月11日（66歳）24分43秒（60歳代6位）
2010年1月10日（67歳）25分11秒（60歳代5位）
2013年1月13日（70歳）23分14秒
2014年1月12日（71歳）出場中止
（11年、12年はハーフに出場した）

5キロの記録は23分台から25分台で、特に70歳の時が23分台ということはまだまだ衰える歳ではないと言える。

■五島列島夕やけマラソン

夏は日中の暑さを避け、朝や夕方に練習をするが、盛りを過ぎるとレースに出てみたくなる。そこで雑誌をパラパラめくっていると、いくつかレースの紹介がある。その中に8月26日開催というのが目に飛び込んできた。私の誕生日である。これが〈五島列島夕やけマラソン〉との出会いである。長崎県の五島列島を夕方ほんの少しだけ涼しくなった頃走ろうという仕掛けである。佐賀から高速道路に乗り、長崎港からジェットフォイルに乗れば約3時間で着けそうだ。1泊して次の日に帰るという日程になると思う。

ランニングクラブの仲間に声をかけると10名の希望者がたった。日は迫っていたが割と簡単に旅館まで取れた。車3台に割り振り、当日は7時に佐賀出発、長崎港に車を預け、10時発のジェットフォイルで福江港に着く。旅館は歩いて20分くらいの和風旅館であった。多少かび臭かったのは、イベントがある時くらいしか開業しないのかもしれない。昼食は近くに料理屋があるということでそこに行く。〃大名海鮮丼〃というのがあった。大ぶりのどんぶりにご飯を入れ、その上にたっぷりの刺身が載っている。これは気に入った。漁師町だから魚はうまいに決まっている。そして思ったより安い。ちょっとボリュームはありすぎるが、マラソンのスタートにはまだ時間はある。

旅館に帰り部屋割りを決めた。2階の八畳二間だから簡単である。男女別に分かれればよい。少し休憩しながら、走る支度をする。15時ごろに会場に向けて歩く。今日の天気はピーカンである。日差しが強い。

ウォームアップ場所である桟橋を走る。暑すぎて日陰に入る。そろそろとなったのでスタート地点に行き建物の陰で待つ。体がだるく、汗が吹き出し、気分もよくない。熱中症かもしれないと思ったが、17時30分スタートの合図が鳴る。

慌てて走りだす。割と近い距離にエイドステーションがあり、そこで水を飲み、元気になった。登ったり下ったり大変である。6キロくらい走った所で、長い下りがある。下り終わると急激に左に曲がる。そこに待ち受けているのは、急な上り坂である。私の気になる上り坂である。ここは〈ホノルルマラソン〉の終盤にあるダイヤモンドヘッドの上り坂に似ている。ここを歩かずに一気に登り切ったら、ホノルルも征服で

上／スタート直前
中左／五島牛の試食会
中右／レース翌日のちゃんぽん
下／長崎観光

きると思う。その気になって挑戦する価値がある。私はこの坂に6回挑戦したわけだが、どうしても歩いてしまう。暑さも気になる。日差しはまだまだ強い。木陰とか家の陰を伝いながら走る。ここのコースの売りのひとつはエイドステーションにスイカが置いてあることである。1個を頬ばり1個を片手に持ち走る。甘くて水っぽくてうまい。元気が出る。途中で蛍光テープを渡される。他のランナーや観客にわかるようにということだと思う。そういえば夕闇が迫ってきているようだ。夕焼けはあったのか？　気づかなかった。陽が沈むところも見なかった。確かに走っていると周りの景色に目を向けることはあまりない。しかし西の空を大きく真っ赤に染める夕焼けの下は走ってみたいと思う。参加した我々の仲間もそのつもりで参加したのではと思う。西に沈む太陽はいつも同じだが、空に漂う雲の状態によって色々な夕焼けが現れる。きれいであり、神秘的でさえある。しかし雲がなければ夕焼けにもならない……こればかりは自然現象であるからやむを得ない。出場した5回とも夕焼けを見ることはなかったのだ。

そのお詫びということでもないだろうが、ゴール後に星空コンサート、五島牛試食会がある。夕日は沈み、暗い中をゴールに向かう。あと2、30分である。ゴールに近づくと周りがえらい騒がしい。焼肉は4～5人でコンロを囲むため仲間の到着を待っているのである。先着した者がビールを買ってあり、コンロを囲む。

立ち食いでビールは地面に置くので立ったり座ったりが面倒であるが、さすがに五島牛はうまい。宿に戻り風呂になるがこれが驚いた。男女別ではあるが、家庭用の風呂である。一人は湯舟、一人が外で洗うことで二人しか入れない。次は夕食であるがこれも驚いた。良い方の驚きであるが、テーブルに料理が並べきれず、畳にはみ出している。ビールも置けない。これは何とかなるが。

翌年泊まった所は風呂は広かったが、宿泊しない風呂だけのお客も受け入れたので、これもなかなか入れない。タオルで前を隠し順番を待つ、何とさえない姿である。民宿に泊まったこともあるが、場所がタクシーで40分と遠く料金も不満である。

海上タクシーに乗ってキャンプ場に行ったこともある。漁船に椅子と板壁を付けたような形で、私の座った場所はエンジンオイルと灰皿の臭いで、船には強い私も危うく酔いそうであった。さらに波の高い所があり迂回したので、かなり時間を要した。

船を降りるとマイクロバスに載せられ30分。やっとキャンプ場に着く。バンガローはきれいで広く、風呂も共同だが広くゆったりできた。いよいよ夕飯だが時刻はすでに夜中の11時である。走り疲れてそろそろ眠たい時間である。食堂の真ん中に大きな舟盛りが二艘置いてあり、刺身で盛り上がっている。鉢巻をした青年が数名盛り付けをしてくれる。皿にいっぱいの刺身とビールで飲み出したが、疲労と眠気の方が勝っている。早々に引き上げた。私はもう歳だから後は若者に任せようと思う。

このように、〈夕やけマラソン〉は宿泊に問題がある。良い所は前年度も出場した人の予約で満杯とのこと。私どもが参加したのは第20回からだが、マラソンブームで宿泊設備が追いつかないということかもしれない。他に大きなイベントがいくつかあれば設備増設も考えられるが、なかなか難しいということかもしれない。第25回大会の参加者名簿を見ると五島市民の参加者が８００名近くいる。この方たちの家を少人数の民宿にできないかと思う。同じマラソン仲間で話も合うだろうし、友達としての交流に発展することも期待できる。すでに考えていることと思うがさらに検討すべきと思う。

初参加の2006年、サブフォー娘2人と並んでゴール

〈五島列島夕やけマラソン〉では〈ハーフ〉にしか出ていない。成績は以下の通りである。

第20回（2006年　64歳）2時間08分25秒
第22回（2008年　66歳）2時間01分26秒
第23回（2009年　67歳）2時間05分57秒
第24回（2010年　68歳）2時間08分40秒
第25回（2011年　69歳）2時間11分08秒
第26回（2012年　70歳）2時間19分12秒

夏場のレースだと天候に左右されると思ったがそうでもない。冬場のレースの記録より少し遅いが、夏場だからということとアップダウンがかなりきついことがある。しかしそれにしても26回のタイムはちょっと遅い。歳を感じるが、その時はそんなことはまったく気づいていない。

〈夕やけマラソン〉の最後の楽しみは、長崎に着いてからのちゃんぽん麺である。大浦天主堂近くの店で、我々は10名以上の団体のため別室の和風の十畳間に通される。ハンドルキーパーは別にしてビールをチビチビやり、寝転がってちゃんぽんを待つ。疲れが取れる感じである。それから天主堂の坂道をぶらぶらと歩きみやげなどを買い、帰路につく。

■宗像ユリックス24時間ＥＫＩＤＥＮ

８５０メートルの周回コースを24時間で何周走れるかを競う競技で、選手を交代しながらタスキをつないでいく。選手の登録数は何人でもよく、競技途中で追加登録もできる。選手はチーム・ナンバーカードとビザバンド（腕輪）を着ける。これが選手登録済の印である。今日は仕事があるから終わったら駆けつけるとか、明日の朝からとか、色々の人がいるが、実は宗像は高速道路で2時間一般道を30分とかなり遠く、好きな人でないと参加しない。本来駅伝とは次から次に物や情報をつないで先に進むことだと思ったが、まさか同じ所をぐるぐる回るだけとは思わなかった。しかし実際にやってみると、これがなかなか楽しいのである。

1周5分足らずで1周してくると仲間が待っていてくれるから安心して走れる。集計チップは走る人と次に走る人の二人が付ける。慌てて取り付けて外れたりするのを防止するためである。走る人はタスキをかけ、次の人に渡す。ふたつの集計チップの合計が周回数である。

走り方は、チームによって違うようだ。我々のチームは4人1組で交代に2時間走り、次の4人につなぐというやり方にした。他の余った人はテント張りと夕食の準備だ。テントを張る場所は範囲が決められていて、その中のどこでもよい。

広いテント、狭いテントなど融通をつけて設置した。事前に打ち合わせして、おにぎりと、おでん、焼き肉となり前日から手分けして準備した。13時スタートに合わせ最初の4人を送り出し、あとの人はテント張りと火おこしに分かれ準備する。チームワークである。

なお開催時期は5月のゴールデンウィークの前の週の土日で春風が結構強い。1度はテントを飛ばされたことがある。アンカーが甘く抜けてしまったようだ。幸いにも人に当たらなかったし、おでんも焼肉も無事であった。ここで火の番をしながら次の4人のメンバーを決める。多ければ次の4人も決めておく。速いとか遅いとか関係ない。というよりも、ぐるぐる回っているだけだから誰が1番なのかよくわからないのである。集計チップの記録をパソコンに取り込んでいる担当が時々集計記録を打ち出してくれるので、それを見れば順位はわかる。だがそれよりも、次の4名を誰にするかの方が問題である。3組12名がいればとりあえずは、1日回せそうだ。そのうちもう少し集まってくれば、その分楽になる。個人の都合を聞いたりして組

み合わせを変えたりする作業も楽しいものである。

ここでおでんとおにぎりを取る。一息つける。我々のチームは27名の参加者を登録できた。１チーム４名で2時間ずつ走れば一人当たり２～３回チームメンバーになればよい。一周平均約５分で走るとすると２時間で24周、一人にすれば６周である。楽勝である。

土曜日12時開会式、12時半解散し各チームスタート準備。13時スタート。今回の13回大会には89チームが参加したとのことで、89名が一斉にスタートした。次に走る人は準備にかかる。ほかの人はテントに入ったり、周辺をウロウロしている。その時有名人を見つけた。オリンピックのマラソンに出場したり、世界大会、国内大会で何回も優勝した人である。

ウォームアップをしているようだ。周りのうわさに

よると、焼き鳥屋チームで出場するらしい。そういえば彼はお酒が好きで飲み屋に時々出没するとの雑誌記事を何回か見たことがある。実は私もその記事を見て意を強くした覚えがある。

彼の走るところを見ると、周りの人とペースをあわせているように見える。時々挑むように隣りを走り抜けるような人がいても、ペースは変えない。そして他のチームは交代しても変わらないでずっと走っている。他にもメンバーはいるであろうがどうなっているのか、そこまではわからない。多分タスキをつけないで走っている時もあるので自主トレを兼ねているのかもしれない。確か年齢は私とあまり違わないはずである。まだまだ前向きである。

コースの概況はスタート及びタスキ受け渡し地点は

平らだがすぐに上り坂になり、登りが徐々にきつくなり、大きな坂の頂上になりそこからすぐに下る。下りは上りと逆に最初がきつく徐々に緩やかになる。少し平らな所があるがまた登りとなる。この坂は低く、そこを下るとタスキ受け渡しとなる。大きな坂と小さな坂はコースの対角となりつながっている。

私は普通に走るのではなく大きな坂を下る時その勢いをつけたまま小さな坂を登りきろうとした。しかし下りの距離は半分くらいで後はほぼ平らに近い。そこを下りのスピードのままで走った、息は苦しかったがそのあとに続く小さな登りも一気に走った。無理しすぎたようだ。そして頂上で呼吸困難となりその場にしゃがみこんでしまった。息をしようにもまったくできない状態である。困った。どうなるのだろうと思った。

ただ左側は3〜4メートル空いているからほかのランナーの走る邪魔にはならない。私は右端の石垣の近くにうずくまっている。どのくらいたったのだろう。息が徐々に回復してきた。立っても走っても問題ない。ゴールでタスキを渡すことができた。

みんなが遅いとか言わなかったということは、そんなに長い時間しゃがみこんだはいながったということだと思う。数十秒かせいぜい1〜2分くらいのことだろうと思う。だから呼吸困難のことは誰にも言わなかった。私は自己研鑽のためまじめに走ったつもりである。消防団チームとか自衛隊チームとか、圧倒される走りをするチームからコスプレ衣装のチーム、身障者チームとバラエティなチーム構成であることが徐々にわかってきた。私のチームはメンバーの集まりが遅い

ので私は第4クールでも走った。緊張も取れマイペースで走ることに心がけた。順番はあまり気にせず、私の苦手な上り坂に気合を入れて走った。練習のつもりで走ればよい。

走り終わったら夕食である。焼肉におでんにおにぎりである。ちょっとビールを空ける。メンバーも集まりだし私は朝までお役御免となる。年寄に気を使っているつもりであろう。コース周辺を巡回すると、テントは何張りもあり、広場を埋め尽くしている。コースのまわりも応援する人たちであふれている。歩きにくいほどである。周囲は少しざわついているがテントに入り寝袋で寝る。不慣れな準備をし、疲れたのか朝までぐっすり眠れた。

朝起きて聞いてみると真夜中の4時間は二人の学生

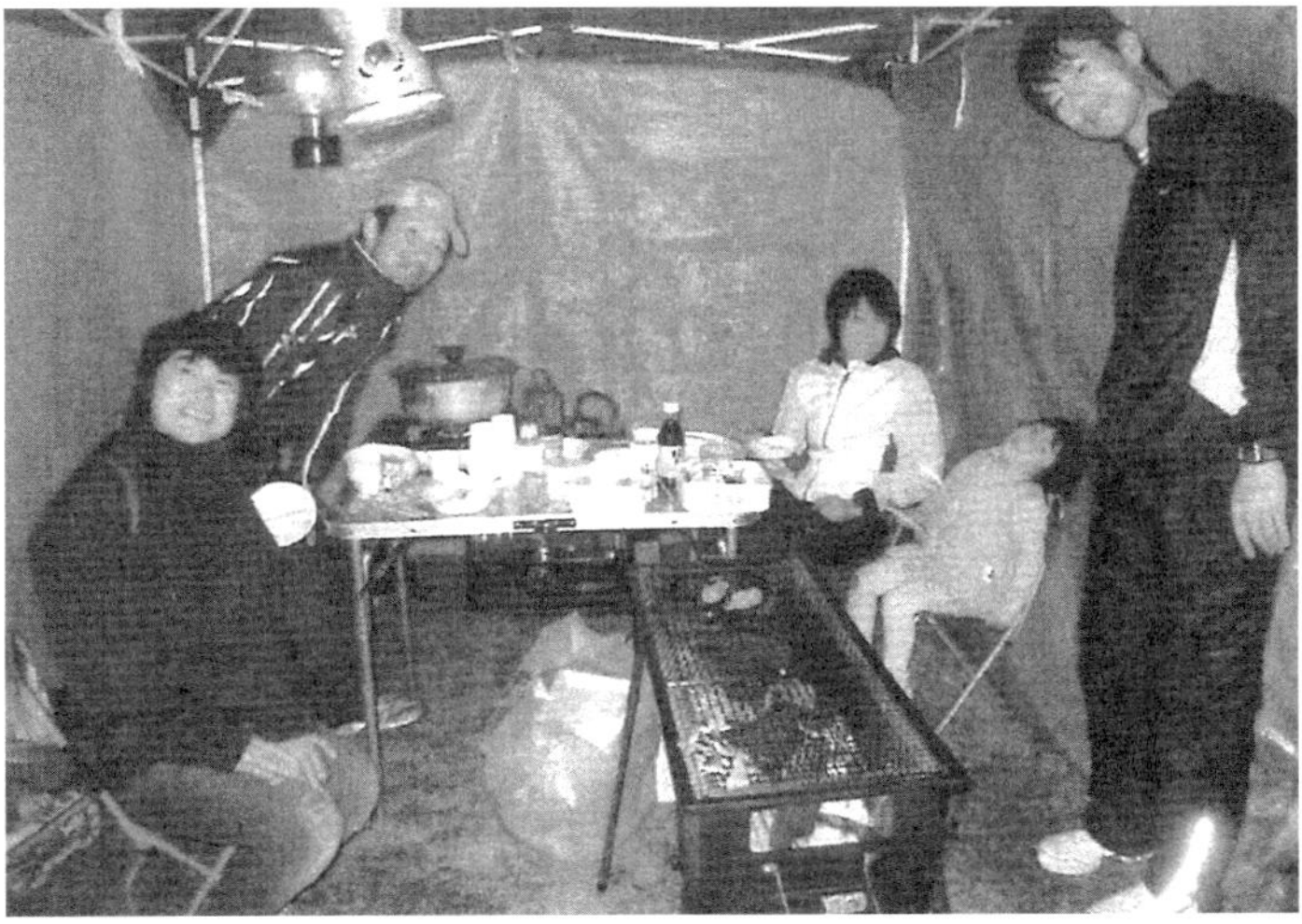

が交代で走ってくれたとのこと。レースはまだ続いている。気合を入れ直してもう一走りしなければと思う。チーム編成と順番を決める担当もまだ元気に頑張っている。走っている人を見ると静かにゆったりと走っている人が多く、よく頑張ったなと愛しさを感じるほどである。

私の3回目のチームメンバーも変わり5名となったが、やり方はみんな知っているのでスムーズに引き継げる。朝のトレーニングの感じである。私のチームは何番かなども関係ない。夜中にメンバーが足りなく休んだり、スローペースになったりしたチームがいるらしい。ただ走っていて追い抜かれるのは面白くない。そのつもりで走る。

いよいよ終了時間の午後1時が近づいてくる。コース周辺は人混みで溢れかえる。多分今まで走った人が集まってきたのだと思う。輪になったり肩を抱き合ったりして喜びあっている。それよりも帰り支度をしなければならない。テントをたたみ、炭火を消し、余った食糧をみんなで分け合い、個人の荷物を車に積み込む。ここはごみをすべて自分で持って帰るルールである。当然である。

表彰式をやっているようだが帰り支度の方が忙しい。だが参加賞は参加者全員に配るということで、相当枚数のTシャツをもらった。他の色々な賞品があったようだ。帰りは三々五々であるが支度の多かった我々は遅い帰りとなったようだ。会場は何もなかったようにきれいである。強者どもの夢の跡のようだ。帰りは2時間半かかる。インターの途中の休憩所で昼食を取った。キャンプに来たような、お祭りに来たような楽しさがあり、その中でマラソンのトレーニングをしたような感じというのがみんなの評価であった。年に一度くらいは参加してもよいとのことであった。

ちなみに大会の優勝記録は２０１０年第16回大会で４１１・４キロ、総周回４８４周である。私どものチームの記録は不明。１周あたり何分何秒で走ったかは個人個人が目標を立てて走ったが、合計値は集計していなかったし、チーム優勝を狙ったりしたら、メンバー選定などかえって苦しくなってしまう。

おわりに

定年後にやりたいことのひとつに、健康を維持するためにウォーキングやジョギングをしてみようというのがあったが、まさかマラソンになってしまうとは私自身思いもしなかった。

何でこのようなことになってしまったのだろうか？　それは多分お堀の遊歩道にある。近くの高校のマラソンクラブと思われる女子学生が集団で黙々と走っている。当然ついていけるスピードではない。速くてかっこいい。またある時は老人のグループが走っている。女子学生と比べ圧倒的に遅いが気にすることなく走っている。わが道を行くという感じである。聞いてみると老人主体のマラソンクラブとのこと。後について走ってみると何とかなりそうな気がした。ジョギングよりワンランクアップできそうだ。そしてタイミングよくランニングクラブに入会することができたのだ。メインコーチは佐賀大学医学部の予防医学の檜垣靖樹先生である。サポートする方々も大学の先生だという豪華版である。

それから約5カ月で〈ホノルルマラソン〉を走れる体に仕上げてもらい、各エイドステーションで必ず水分補給をすることなどの細かなアドバイスももらい完走できた。翌年の会社のOB会でこの話をすると皆一様に驚いたようだ。仕事はまじめにやったが、飲んだくれでヘビースモーカーの私がまさかというわけである。ゴルフやテニスの仲間も参加しない理由がわかったとの理解である。もう後戻りはできない。第2の人生の目標はマラソンを突き詰めようということに覚悟した。

ホノルルの記録の4時間32分から32分をのぞいた4時間を切ることを目標とすることにした。市民ランナーのステータスであるサブフォーである。当初は簡単なように思えたが結果的に10年かかっても達成できなかった。

42・195キロを4時間で走るにはキロ5分40秒で走らなければならないというこ

とを毎回の練習の中に取り入れた。初動はゆっくりとしか走れないが徐々にスピードを上げ、平均が5分40秒になるように走るということである。1周目が7分40秒だったりすると、3周目が3分40秒で走らなければならないがそんなに速くは走れない、5分で3周走って帳尻を合すことになる。体調が悪い時ほどスピードが遅くなり達成するための距離が長くなってしまう。疲れてしまう。すると休む日が多くなり練習距離が延びない。私はこの悪循環に落ちいってしまった。

マラソンは長い距離を走る練習も必要である。『ゆっくり走れば速くなる』（佐々木功／アールビーズ刊）というLSD（ロング・スロー・ディスタンス）の本もあり、コーチも勧めるが今いち納得できない。ゆっくり走っていればサブフォーは達成できないと思った。どんなスピードで走っても平均がキロ5分40秒であれば、効率のよい練習だと思い込んでしまった。しかしこれでは疲れてしまうということである。速く走る日、疲れたらゆっくり走る日など日にちを変えて、色々なスピードで走っても筋肉は覚えていてくれる。今日はLSD、明日はビルドアップ、次の日はペース走などと変化をつけた方が楽しく走れそうだ。練習方法の細かなことなどコーチに相談しなかったかもしれない。失敗した。

第2回フルマラソンもホノルル、２００６年12月10日である。練習方法は変わっていない。この時はハワイでゴルフをという話が出て、私も乗った。12月７日ハワイ到着の翌日である。到着日にゴルフ場案内のチラシで見つけ、コースを全費用１００ドルで予約できた。時差ぼけ防止にもなる。

当日の朝ホテルの玄関前で待っていると1台のリムジンが止まった。これに乗れとのことである。３人を乗せてゴルフ場に行くとのこと。こんな豪華な車に乗ったことはない。度肝を抜かれた。中は3人の座席のほかにパターの練習ができそうなくらいのスペースがある。気後れしながらもリッチな気分で乗り込む。運転手は日本人で色々な国を転々としており、今はハワイという人である。コースはマラソンコースの折り返し地点を突っ切った先にあった。クラブと靴を渡されると急に震えがきた。ハワイでのゴルフは初めてである。カートにクラブを乗せてスタートホールに向かう。キャディーはいない。１番ホールは針葉樹が1列に並ぶ気持ちの良いコースである。

しかし2番ホールからは海風が強く顔をそむけたくなるほどである。風のすきまを縫って打つような感じになる。これではスコアにならない。昼の食事にクラブハウスに行ってもお客は1組しかいない。知っている人は敬遠する日かもしれない。私のスコアは97、他の二人のスコアは公表しないこととする。帰りもリムジンである。運転手にこんな日もあると慰められ椅子にそれぞれに横たわると疲れと同時に時差ぼけもすっ飛んでいったような気がする。初めてのハワイゴルフは思い出に残りそうだ。

第2回フルマラソンの結果は4時間25分55秒。第1回より5分44秒速い。これが1年の成果と言えるか誤差範囲なのかということを、この時点で冷静に考えておく必要があったと思う。このペースで向上したとしてもあと4年かかるがそれでいいのかということも。

しかし3回目のフルマラソンの会場は〈アオタイ〉（青島太平洋マラソン）である。コースが違うとタイムも比較するのが難しい。道路の狭さだとか坂道の多さだとかでもタイムが違ってくる。ホノルルはダイヤモンドヘッドの急な登りがあり、〈アオタイ〉の方が好条件だと思うがタイムは良くない。また仕切り直しである。そして興味は練習方法からコースの選定に移っていった。狭くて人がごった返すコースとかアップダウンが大きいコースとか、これによってタイムがかなり異なることがわかった。その両方に欠陥があっても、観衆の応援の多さ、エイドステーションと見まごうような接待などでもタイムは変わる。

マラソンは、走っている時は苦しいがゴールをめざしているので頑張れる。ゴールすると一気に喜びに変わる。この達成感がマラソンの醍醐味である。このために走るということである。

その頃のマラソン仲間の話の中で、〈ソウル国際マラソン〉は良いタイムが出るらしと話題になり、仲間3人で相談し行ってみることにした。〈ソウル国際マラソン〉は快適であった。2年続けて行ったがコースは走りやすく、2回ともベストを更新した。3月で道路端の水たまりが凍るほど寒かったが最初はこの程度が走りやすい。スタートが何組かに分かれるため、スタート時のごった返しも少ない。エイドステーションも広々としているし応援も節度良い。私も2回目に最高のタイムが出た。サブフォーまであと52秒である。そしてこの52秒に心が折れた。たった52秒のために再度マラソンに挑戦しようという気持ちになかなかなれない。もうフルは走れないということである。サブフォーは諦めたということである。苦しくてもう走れないということである。

フルマラソンを走り切るには相当な覚悟がいる。我々のような年寄りは練習でフルマラソンの距離を走ることは難しい。疲れてしまい、その後の休養が長くなる。小間切れにして練習するしかないようだ。今日はスピード練習主体、今日はゆっくり長く、明日は坂道主体など体がきつかったら休む、ペース走など。これらを組み合わせて練習をするのがよいと思う。

この中で私はウィンドスプリント練習にはまった。50メートルを全力で走り、次の50メートルをゆっくり走る。これを繰り返す練習である。肩で風切るスピードがたまらなく気持ちがいい。フルマラソンだとスピードを抑えて距離を伸ばすという走り方になるが、ハーフとか10キロとか5キロだと距離が短いぶん速く走れる。気持ちよく走れて疲れも少ない。短いマラソンにも挑戦したいと思った。短いマラソンの大会には幸いにも今のところ抽選参加という縛りもない。仲間と連れだって参加できる。1泊で行けば地元の名産も味わうことができる。修道僧のような気持ちで走らなければならないフルマラソンよりも、走っている時は苦しくても走り終えた後の疲れが少ない短い距離の方が気楽である。ランニングクラブのメンバーとあちこちの大会に行った。気に入ると毎年行った。毎回何らかのアクシデントがありそれも楽しく、いい話のタネになった。

私の肉体の老化は2014年に気づくことになる。狭心症で冠動脈のレントゲン写真を見せてもらうと血管のあちこちにプラーク（コレステロールの塊）が付着していた。現役時代の不摂生の痕跡は、マラソンにより改善される方向に向かっていると思っていたが、しっかり、しぶとく残っていたようだ。そんな簡単に消えるものではないということのようだ。

2015年の〈アオタイ〉の走りで肉体の老化をはっきり自覚した。その後ジョギングのスピードも遅くなった。速く走ると心臓が苦しくなる。走ったり歩いたりして距離を伸ばす。ジョグ&ウォークという走り方である。

今原稿を書いているのは82歳の私であるが、今はこの方法で楽しんでいる。今も所属しているランニングクラブにジョグ&ウォーク部門を作り3名の仲間を得て活動中である。これからは我々の部門が大きくなっていくだろう。

私のマラソン人生は思ったより短かった。しかし楽しかった。現役時代にまったく交流のなかった人たちと語ったり、走ったり、飲んだり、よく交流できたものだ。各地のレースにも大勢で参加し、濃密な時間を過ごした。

定年を迎えるとまずはほっとして、自宅でソファーに座り新聞を読み、読んでみたかった本を広げ終日を過ごす。しかしこれではいけないと思うようになる。少し運動をしなければと思うようになり、ウォーキングを始めるようになる。近所を歩くと人目が気になるので、場所を探す。近くの公園だとか県総合グラウンドだとか、車と交差しない、安全である程度自由に歩ける所を探す。これは次のステップのジョギングにもつながる。早歩きやジョギングで足、腰の痛みの状態をチェックし強度を高める。

この程度まで体がついてきて気持ちよく動ければ、マラソンランナーとしての素養があると思う。長距離の走りが可能となる。しかし長く走ると特に足腰に異常が出てくることがある。その時は我慢せず、整形外科、循環器内科などで診断を受け、徹底した治療をしておかないと再発してまた動けなくなることになる。これからはウォーキング主体の運動になるが故障個所があってはこれもできにくくなる。

幸いランニングによる怪我も克服し後遺症もなく、80歳をすぎた今でも1回1万歩は十分に歩ける状態である。このことはランニングクラブに入ったおかげだと思っている。走ることは人間の本能であるが、自己流だと怪我が発生しやすい。この時にコーチに相談できればよい結果が得られると思う。マラソンの練習は一人でやる人が多いと思うが、整形外科やマッサージ治療院、また専門書などで自分を守ることが大事だと思う。私は初期の段階でコーチに並走してもらい、色々な指導を受け、トラブルにも処置できた。そのおかげで今も元気に活動できている。檜垣先生をはじめとするコーチの先生方、ありがとうございました。

檜垣先生には今でもお世話になっている。月1回の三瀬での練習では一緒に走ってもらっている。古いメンバーが6名とメンバーが誘った新人数名である。折り返しコースを60分走や90分走などで走るので、走力が違ってもゴールはほぼ一緒になる。レースに出るために走るというより、ランニングを楽しむという感じである。檜垣先生には、このランニングクラブをなるべく長く続けてほしいとお願いしたい。

最後になるが、私がこの本を書こうと思った動機についてもひと言触れておきたい。文中でも何度か書いたことだが、定年退職を迎えるまで、私は酒もタバコも習慣的に楽しんでおり、運動らしい運動もしていない、つまり健康的な生活を送ってきた訳ではなかった。そんな私にも、第二の人生を健康に過ごしたいという思いはあった。それで軽い気持ちで始めたランニングだったが、よきコーチ諸氏や仲間たちとの出会いに恵まれ、気がつくとフルマラソンを走っていた。80歳を越えた今、さすがにレースに出ることはないが、それでもランニングは続けている。レースも自分なりには頑張ってきたという誇りはあるが、市民ランナーとしてはけっして自慢できるレベルのタイムとは言えない。それでも、走る習慣が退職後の人生に思いがけず彩りを添えてくれたのはまぎれもない事実である。

これから定年を迎える世代のみなさん、私と同じようにアスリートとは程遠い生活を送ってきたみなさんにも、勇気を持って最初の一歩を踏み出すことをおすすめしたい。その思いが、この本を書いた動機である。

私でも走れたのだ。あなたにも、きっと走れる。

堀口　茂

2024年晩秋　佐賀にて

堀口茂　ほりぐち・しげる

1942年静岡県生まれ。製紙会社に就職、日本各地に勤務しながら定年まで勤め上げ、最後の勤務地である佐賀を終の棲家とする。その後ランニングを始め、63歳で人生初のフルマラソンとなるホノルルマラソンに挑戦し完走、ソウル国際マラソンなど10回のフルマラソンを走る。82歳の現在もランニングを楽しんでいる。

監修者

檜垣靖樹　ひがき・やすき

医学博士　福岡大学スポーツ科学部教授

2005年佐賀大学医学部勤務時代に同大学地域貢献推進事業として、市民ランナーのランニングクラブを設立し、以後現在に至るまで三瀬高原にて仲間と一緒にランニングを楽しんでいる。

60歳からのフルマラソン

2025年1月30日　第一刷発行

著者・発行者　堀口茂
〒840-0074　佐賀市与賀町1357-4

制作　朝日新聞出版（メディアプロデュース部）
発売　朝日新聞出版
〒104-8011　東京都中央区築地5-3-2
電話　03（5540）7669（編集）
03（5540）7793（販売）

印刷・製本　藤原印刷

装幀　横須賀拓　編集　丹治史彦

ISBN978-4-02-100320-2 C0075